菅（七戸）美弥
Suga (Shichinohe) Miya
北村新三
Kitamura Shinzo

筑摩選書

南北戦争を戦った日本人

幕末の環太平洋移民史

南北戦争を戦った日本人　もくじ

本書中には、今日の人権意識からすると蔑称・差別表現ととられかねない表現があるが、一九世紀の史料を反映させるために、括弧を付すなどし、そのままとした。

南北戦争を戦った日本人

幕末の環太平洋移民史

本書に登場する主な日本人・人物一覧

漂流者	
音吉 【宝順丸】	1832年、鳥羽から江戸へ向かう途中難破、現在のワシントン州フラッタリー岬に漂着。船員13名中、生存者は音吉含め3名。香港に居住、モリソン号で帰国を試みたが追い返された。栄力丸漂流者らの帰国に尽力。イギリスに帰化。
庄蔵・力松	1835年、庄蔵（船頭）、力松、寿三郎、熊太郎の4名で九州天草から出航。船は漂流、ルソン島に漂着後にマカオに送られた。庄蔵は香港にて洗濯業で成功。永久丸の作蔵・勇次郎ら漂流者の世話に尽力。力松はイギリス軍艦の通訳となる。
ジョン万次郎 （中浜万次郎）	1841年、土佐からのカツオ漁船が難破、漂流中、アメリカの捕鯨船ジョン・ハウランド号（W・ホイットフィールド船長）に他の4名とともに救助された。捕鯨船の副船長として活躍。後に通弁主任として咸臨丸に乗船。
ヒコ（浜田彦蔵）・亀蔵・次作・伝吉・仙太郎 【栄力丸】	1850年、船員17名は米商船オークランド号に救助されアメリカ西海岸へ。香港へ向かった後、ヒコ、亀蔵、次作がサンフランシスコに。ヒコは帰化し、アメリカ外交やビジネスに活躍。次作の帰国後、亀蔵は遣米使節団に香港で帰国を請い、帰国。仙太郎は香港で米海軍サスケハナ号に一人残留したが帰国。伝吉は他の一行とともに帰国後、イギリス公使館で通訳として勤務していたが、暗殺された。
作蔵・勇次郎 【永久丸】	1851年に漂流、ハワイで船長の岩吉らと別れ、捕鯨船アイザック・ハウランド号で働いた後、ニューベッドフォードへ。さらにボストン、ニューヨークへ。香港で庄蔵らの世話に。1855年、田原へ帰国。
政吉	1858年、3名が紀州沖で遭難、一人生き残り、アメリカ捕鯨船に救助された。ヒコの紹介でフェニモア・クーパー号の見習いに。帰国後、天毛政吉と名乗る。
密航者	
鈴木金蔵	膳所（現在の大津市）藩士、1860年箱館（現在の函館）から密航、オレゴン州ポートランドに数年滞在。帰国後は明治政府の外交官に。
出島松造	駿府（現在の静岡市）出身、1860年末アメリカへ一時帰国するショイヤーの手を借り、出国に成功。南北戦争中ペンシルヴァニア州やカリフォルニア州に滞在。帰国後は明治政府に出仕。
橘耕斎	掛川藩士。1854年ロシア艦ディアナ号下田沖沈没の際、ロシア人と出会い、出国。竹内使節団の訪欧時には表に出ず日本式の応接を演出した。19年間のロシア生活を経て1874年帰国。
斉藤健二(次)郎	熊谷出身。フランス人モンブラン伯爵の秘書として渡欧、池田使節団のパリ滞在中活躍。帰国後薩摩側から疑惑の目でみられ殺害された。
新島襄	1864年箱館出国、上海を経由し、1865年に大西洋航路でボストン着。アマースト大学を卒業。1875年同志社英学校を設立。
咸臨丸水夫	
源之助・富蔵・峯吉	源之助と富蔵は塩飽出身、峯吉は長崎出身。合衆国船員病院に入院、現地で死亡。咸臨丸滞在中活躍した商人チャールズ・W・ブルークスが彼らの墓の建立に際しても尽力。
咸臨丸随行員	
長尾幸作	広島の医家の生まれ、木村の従僕として渡航し、合衆国船員病院に入院した際に病院長と交流。後、密航し、池田使節団に合流し欧米留学を試みる。池田は理解を示すも同行かなわず。後、土居咲吾と改名。
ポーハタン号賄方	
半次郎	ポーハタン号乗組員のうち一人、病気により合衆国船員病院に残された。当時55歳。咸臨丸の水夫とともにのちに帰国したとみられる。

序　章

日系アメリカ人二世テリー・シマとの出会い——はじめに

1　南北戦争に従軍した日本人がいた

旅の始まり

日系アメリカ人退役軍人協会（Japanese Americans Veteran Association　以下ＪＡＶＡと略称）のテリー・シマ氏とジェフ・モリタ氏の依頼から、旅は始まった。米国での「南北戦争に従軍した日本生まれのふたりの兵士サイモン・ダンとジョン・ウィリアムズの本名、出身地などを知りたい」との問い合わせが届いたのだ。シマ氏はハワイ生まれの日系二世。彼は第二次大戦時には日系部隊である四四二連隊で欧州戦線に従軍、戦後ＧＨＱで働いた。第二次大戦時中の貢献により二〇一二年にバラク・オバマ大統領から大統領市民勲章を授与された人物である[1]。モリタ氏はハワイ在住の三世。もし日本人が南北戦争に従軍したことが事実なら、米陸軍における最初の日系人兵士であり、ぜひとも彼らの日本側の情報を得たいとのことであった（ＪＡＶＡはそのホームページからも調査への協力を広く訴えている[2]）。

南北戦争は、一八六一年四月一二日から六五年五月一九日までの四年間にわたって戦われ、動員者総数は三二六万人強。アメリカ戦史上最大の六二万人余りの戦死者を生み出した。戦死者の内訳は北軍が三六万二二二人、南軍が二五万八〇〇〇人であった。全人口に占める戦死者の数においてもアメリカ戦史上最も多い、文字通りの血みどろの総力戦であった。[3]

筆者は当初、この南北戦争に従軍したという二人の人物が、そもそも日本生まれであるのかどうかを疑った。長年日本人移民とアメリカ史の研究をしている筆者にとっても、全くの初耳であり、アメリカの内戦である南北戦争に日本人が従軍したとは、にわかには信じられなかった。もし本当に日本人ならば、なぜ、命をかけてアメリカの内戦に従軍したのだろうか？　その動機は何だったのか。また、戊辰戦争（一八六八―六九年）の直前のこの時期、日本人の海外渡航は極めて限定されていたなかで、どうやってアメリカまで移動したのだろう？　移住の経緯は？　彼らは、日本から密航したのだろうか？　次々と疑問が生まれた。

記録に書かれたのは**Japan**ではなく、似たスペルの別の国ではないか。実際、オンラインで史料を調査していると、**Japan**と似たスペルの**Spain**や**Hassen**が間違って読み取られ、日本生まれとして検索されることがしばしばあるからである。しかし、兵役記録には生まれた場所として紛れもなく**Japan**と書かれていた。

二人の兵役記録

南北戦争に従軍したとされる二人の日本人について、米国国立公文書館（以下ＮＡＲＡと略称）に保存された記録をまとめると、次のようになる。

サイモン・ダン（ディムと書かれることもあり）
住居　ニューヨーク州、ブルックリン市〔ブルックリン市は一八九八年にニューヨーク市に編入〕
一八六三年一二月七日、ブルックリンで陸軍に入隊、ニューヨーク第一五八歩兵連隊Ｅ中隊
一八六五年八月二八日除隊（リッチモンド、ヴァージニア州）
日本生まれ、二一歳。職業　労働者、目の色　黒い、髪の毛の色　黒い、肌の色　浅黒い
身長　五フィート[4]〔一五二センチメートル〕

ジョン・ウィリアムズ
一八六四年八月二五日、ブルックリンで陸軍に入隊、兵卒、三年
日本生まれ、二二歳、ニューヨーク第一騎兵連隊Ｉ中隊
職業　労働者
ウィリアム・Ｅ・ベイリー（Bailey）Jr.の代替、下院選挙第三区
目の色　黒い、髪の毛の色　黒い、肌の色　浅黒い
身長　五・一フィート〔一五五センチメートル〕
一八六五年一月一六日、ワシントンＤＣの病院から除隊[5]

二人の入隊場所はブルックリンで同じだが、タイミングは全く異なっていた。日本生まれと書かれているだけでなく、二人とも目と髪の毛の色が黒であり、肌の色も浅黒いと書かれていて、日本人の可能性が示唆される。加えて二人の身長も幕末の日本人男性の平均身長と言われる一五

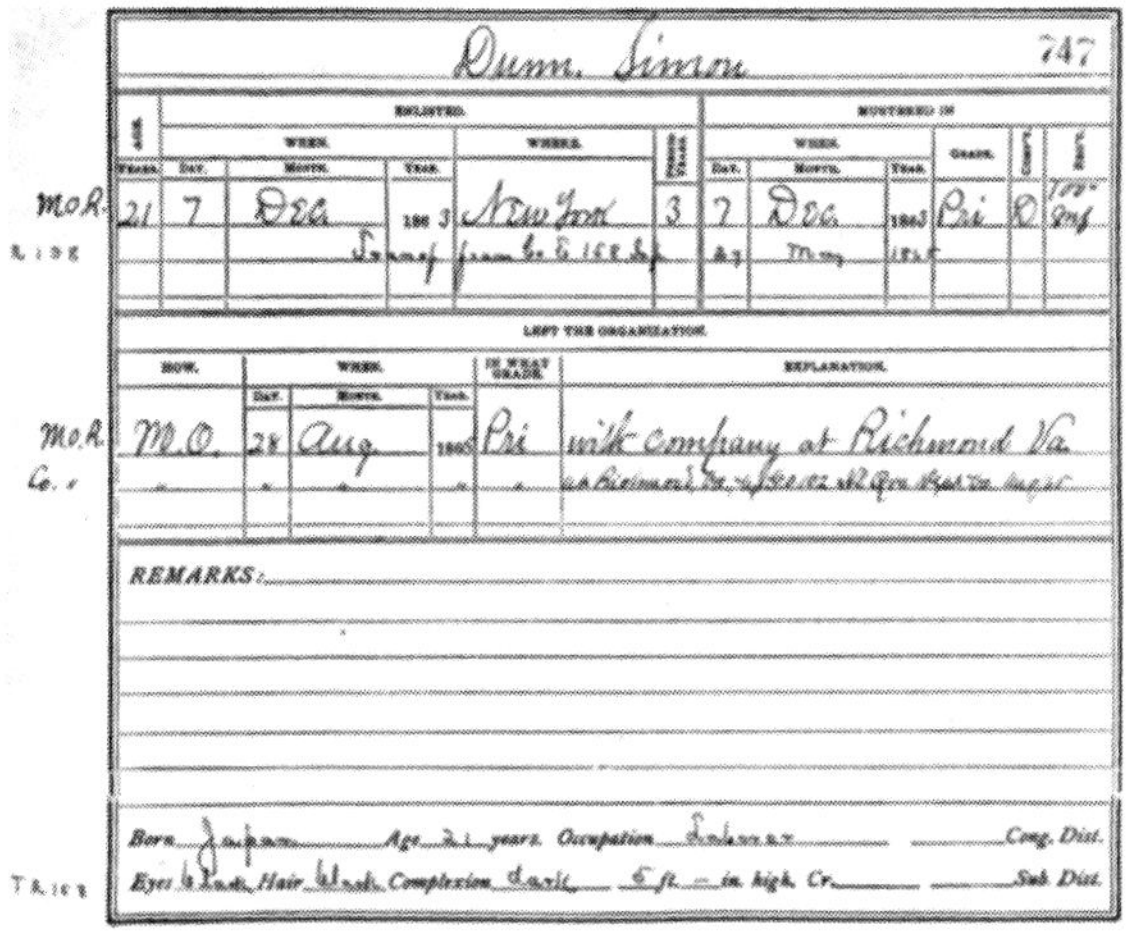

図表0–1　入隊記録 サイモン・ダン

出典：New York, U.S., Civil War Muster Roll Abstracts, 1861-1900

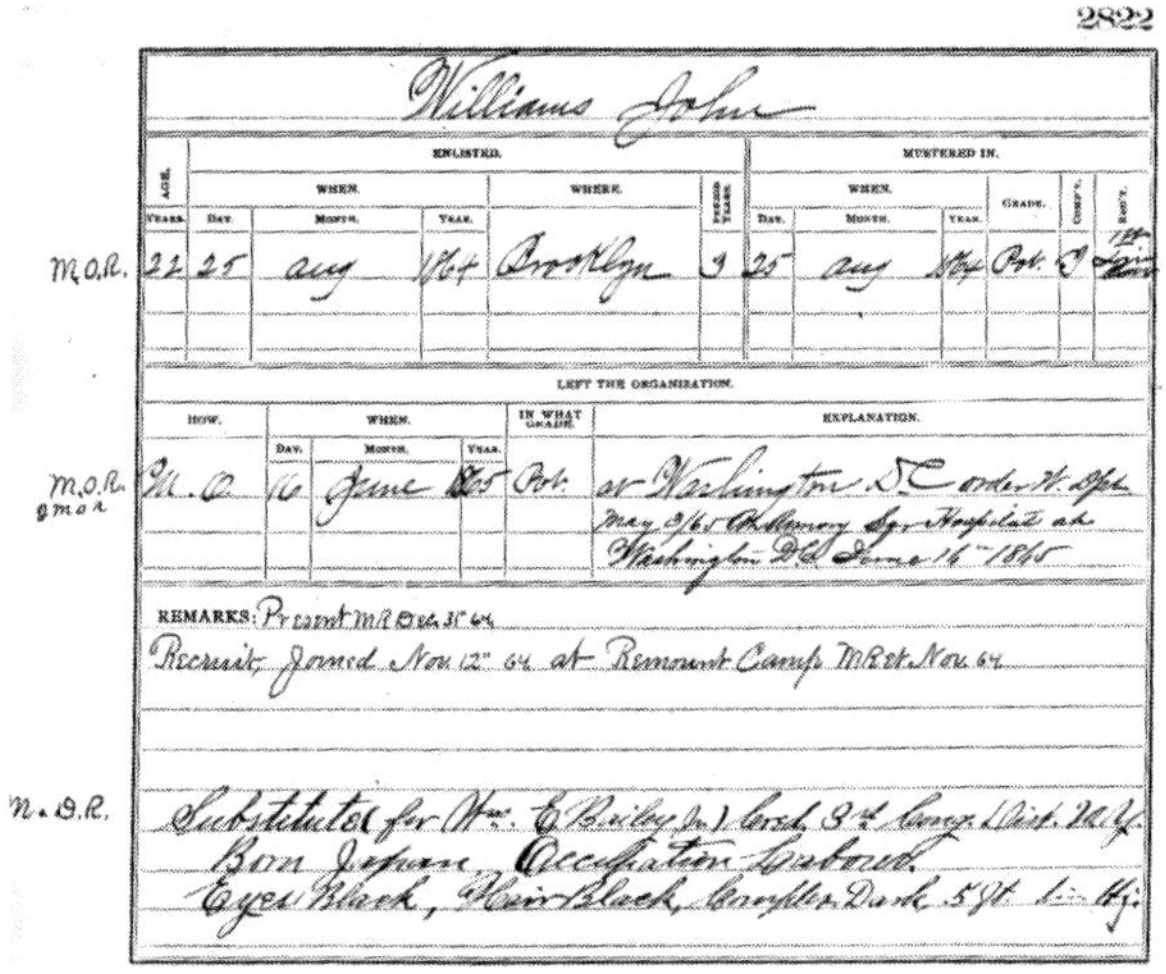

図表0–2　入隊記録 ジョン・ウィリアムズ

出典：New York, U.S., Civil War Muster Roll Abstracts, 1861-1900

〇センチメートル台である。ジョン・ウィリアムズは戦争中入院したのだが、その際の記録にも、出身国は日本と書かれていた。

新聞記事――ある日本人の死

さらに、南北戦争終結後の一八六七年一二月三〇日、ヴァージニア州の『アレクサンドリア・ガゼット・アンド・ヴァージニア・アドヴァタイザー』紙に、「ある日本人の死（Death of a Japanese）」と題した記事が掲載された。しかも記事には「この市に合衆国陸軍兵士として戦争中に来て、それ以来ここに住んでいた日本人で、『ジャップ』として親しまれていた人物が先の土曜日夜に亡くなり、昨日埋葬された」と書かれていた。[6]日本人への蔑称としての「ジャップ」が流通するのはまだ先のことで、略称である「ジャップ」はおそらく南北戦争にともに戦った仲間たちを中心として、地元で「親しまれていた」のだった。

文字通り、「ある日本人」（強調は筆者による）が亡くなったことを伝えるこの記事から、南北戦争に従軍した日本人がいたことは事実だとみて間違いないだろう。アレクサンドリアは首都防御にとって非常に重要な場所であり、南北戦争開始後すぐに北軍によって占領され、戦争中物資の補給、兵士の移送において中心的な役割を担った。前記の日本生まれの二人のどちらかが、南北戦争後アレクサンドリアに居住していたが、ほどなくして亡くなったのではないか。だとしたら、この日本人は誰だったのだろうか。その名は。出身地（藩）はどこだったのか。そもそも彼は、どのような方法で、どこから、どのような航路で渡米し、アメリカを二分した南北戦争に従軍したのだろうか。

2　アジア・太平洋系移民と日本人移民

本書の物語は、南北戦争の時期を主に対象としたものである。日本人兵士の話を詳しくする前に、まずはこの時代、アジア・太平洋からの移民はどの程度の規模だったのかをみることとしたい。

移民統計から

一八五〇年からの一〇年間、アメリカへの移民総数は二八一万四五五四人で、そのうちアイルランドを筆頭にヨーロッパからが二六二万二六一七人であった。大西洋を渡ってアメリカ合衆国へ向かう移民が全体の中で多数を占めたことが分かる。

アジア・太平洋からの移民は、一八五〇年からの一〇年間で三万六〇八〇人、そのうち中国人が圧倒的多数で、三万五九三三人。アジアからの移民、太平洋を渡ってくる移民とは、ほとんどが中国人（男性）であった。第二位は日本人であるが、一八五〇年代はゼロ、一八六〇年代の一〇年間に日本からの移民は一三八人となった。[7] 中国人は一八五〇年に州に昇格したばかりのゴールドラッシュに沸くカリフォルニア州に集中したため、州内では差別措置が早くも一八五〇年代初めにみられることとなる。なお当時のハワイ王国は国別の統計に含まれていないため、王国からの移民数は不明である。

徳川幕府末期の開港後の一八六一年、一八六六年、一八六九年に、米国の移民統計にあがった合計一三八人の日本出身の移民のうち多くは、サクラメント近郊の「ワカマツ・コロニー」への入植者等、外国人に伴って移動した人々や留学生を指している。[8] 徳川幕府側からみれば、そうした移動に対しては帰国を前提として旅券を発給していた。そのなかには帰国せずに、結果的に移民となったものも含まれていた。「移民とは定住・永住した人々である」との考えとは対照的に、ダナ・ガバッチャなどのイタリア移民研究者が強調してきたように、アメリカへ渡った移民には、帰国ないし再移動をした人々が多かった。そのような還流を「ディアスポラ」と呼んでいるほどである。[9]

いずれにせよ、狭義の「移民」となっていく日本人の存在が顕在化するのは後年のことで、一八九〇年からの一〇年間に一万三九九八人、一九〇〇年からの一〇年間に一三万九七一二人になってからのことである。[10]

こうした環太平洋の移住の動きのなかで、アメリカ側の記録をみると、一八六一年に一人の「移民」の記録が残っていた。興味深いのは、この移民統計に表れた一八六一年の日本出身の

「移民」が誰であるか、という点である。横浜にある海外移住資料館の展示では、最初の「日本移民」は「サンフランシスコに一八六一年一〜三月に上陸した二〇〜二五歳の男性召使」と書かれている。どこからこの情報が出てくるのか、典拠は示されていない。誰の召使で、いつ日本に戻ったのか、それとも「移民」となったのか、興味をそそられる説明である。一八六八年の幕府による海外渡航解禁以前には、外交官の従者であれば海外渡航が許されていた。アメリカ行きの「移民」としてカウントされたのは、アメリカ人外交官の従者だったのだろうか。もしこの人物が、一八六一年の一月から三月に上陸したのであれば、南北戦争に記録が残った日本出身者二人のうち一人の可能性がある。その可能性については、後述する。

アジア・太平洋系の移民兵士

アジア・太平洋系の移民兵士は、南北戦争の主流の語りのなかで従来見えない存在であった。国立公園局（National Park Service　以下NPSと略称）によれば、南北戦争の北軍兵士の合計数は二六七万二三四一人。人種別でみると、白人が二四八万九八三六人、黒人が一七万八九七五人、先住民が三五三〇人であった[11]。ここで中国人は「白人」に含まれているとみられ、数が圧倒的に少ないアジア・太平洋系移民は人種別集団として上がってこない。

比較のために、北軍の徴兵登録のデータベースで「人種」を「黒人」ないし「白人」で検索すると「白人」でヒットする人数の方が圧倒的に多く、二九五万人弱、「黒人」でも七万七千人強の記録が出てくる。加えて「生まれた国」を「アイルランド」で検索すると二八万八千人余りで、「ドイツ」では三二万七千人余りであった。徴兵登録した外国出身者の中では、データベース上ドイツが最も多い。同じデータベースを「生まれた国」中国でみると四二五人分がヒットする。しかしそこから中国人に絞るのには相当の努力がいる。なぜならかなりの数のメイン州のチャイナ出身者、さらになぜ「中国生まれ」としてヒットするのか理由が分からないものが含まれているからである。[12]

絶対数としては少ないとはいえ、従軍したアジア・太平洋系の兵士には一八五〇年以降移民数が急増していた中国人だけではなく、インド、ハワイ、フィリピン等の出身者が含まれていた。また、南軍の兵士となったアジア系移民もいた。さらには出身地がフィリピン等東南アジアの場合、後に詳述するように、「有色人種」部隊に配属された人々もいて、一つにくることのできない多様な経験がみられたのだった。

3　南北戦争に従軍した日本人――これまでの研究と人物像

日米における研究

　このように「白人」「黒人」「先住民」という三集団を通じての語りからはこぼれ落ちるアジア・太平洋系移民兵士だが、彼らについての地道な調査活動はある。まず、二〇〇〇年にウェブサイトが作られた「南北戦争に従軍した中国人兵士顕彰会」には中国人兵士についての数々の調査が紹介されている。[13] ただし二〇〇九年以降はサイトの更新はされていないようである。また、一九九九年には第二次世界大戦を主とする数々の戦争への中国人兵士の従軍を顕彰するドキュメンタリーフィルム ***We Served with Pride: The Chinese American Experience in WWII*** も作られ、冒頭の数分で南北戦争に従軍した中国人兵士が紹介されている。

　二〇一四年にはルーサン・ラム・マッカンが南北戦争における中国人兵士を扱った歴史小説 ***Chinese Yankee: A True Story from the Civil War*** を発表したほか、二〇一五年に国立公園局（NPS）がアジア・太平洋系兵士に着目したブックレット ***Asians and Pacific Islanders and the Civil War*** を出した。[14] マッカンの歴史小説では、主人公であるトーマス・シルヴァナス（Sylvanus）

の名前で従軍したアー・イー・ウェイ（Ah Yee Way）の所属部隊や、ジョージア州にあったアンダーソンヴィル北軍捕虜収容所の様子等が活写されている。また日本でも二〇〇二年にマーク・シリングが「南北戦争に参加した日本人」を雑誌に寄稿している。シリングが参照したのはオーストラリア人のテリー・フォナンダーのサイト中に掲載されたリストであったという。が、現在のところ該当するサイトは存在しないようだ。いずれにせよ、シリングは南北戦争に参加した日本人としてサイモン・ダンだけを取り上げており、ジョン・ウィリアムズについては触れていない。シリングが述べる、サイモン・ダンが太平洋の捕鯨船の「一隻に乗せられてアメリカにきた」漂流民である可能性が高いとしている点、ダンの部隊で残された手記が少ない理由を英語がままならない移民が多かったからではないかという点などは参考になる。[15] ただし二人の日本生まれの人物像、移動の軌跡、そして歴史的文脈についての包括的な歴史研究はまだみられないのが現状である。

渡米のための海と陸のルート

さて、幕府により学科修行か商売に限っての日本人の海外渡航が解禁されることとなったのは南北戦争後、日本では戊辰戦争直前の一八六六年であった。つまり二人は、海外渡航の限定的な、解禁前にアメリカに渡っていたのである。

移住が厳しく制限されていた幕末までに、アメリカへの移動をしたのは、移動を余儀なくされた漂流者と、危険を冒して移動をした密航者だった。加えて、欧米の外交官に同行した者たちだった。欧米の商人に同行する形での海外渡航は認められていなかったため、そのような場合は密航者に位置付けられた。それでは、南北戦争に従軍した日本人はどのような形で、どのような経路で、ニューヨークにたどり着いたのだろうか。このことを検討するために、当時の交通手段、航路と陸路の双方を概観しておこう。

一九世紀中葉には、イギリスが植民地のインドに加えて、アヘン戦争を契機に中国へも進出したことに伴い、イギリスと中国が海のルートでつながっていった。具体的には、イギリスの郵船会社ペニンシュラ&オリエンタルは、一八四二年、イングランドからイギリス植民地であるインド・マドラスへの就航を開始。一八四五年にはシンガポール・香港まで、一八四九年には上海まで定期便が延伸。一八五九年には上海から長崎までさらに延伸した。このようななかで、日本からニューヨークへは、太平洋航路でサンフランシスコに向かった可能性と、上海や香港からインド洋を経て、ヨーロッパを経由し大西洋を越えてニューヨークに到着した可能性の双方がある。ただ、漂流者の移動は、目的地への航路から外れたまさしく想定外のものであった。本書の対象とする時代は太平洋の捕鯨漁の最盛期であったので、のちに論じるジョン万次郎（中浜万次郎）やジョセフ・ヒコのようにアメリカの捕鯨船に救助される事例が増えた。救助後も、帰国が難しい中で、捕鯨船に雇われたり、ハワイ、サンフランシスコ、上海等で生活をし始めたりするものがいた。

アメリカ国内の移動ルート

サンフランシスコからニューヨークまでの移動には、陸路とパナマ経由の海路の二つのルートがあった。このうち陸路の方が厄介であった。一八五〇年代までにアメリカでは鉄道網の整備が進み、ミシシッピ川以東に路線網ができたが、大陸横断鉄道の完成はまだ先のことであった。一八四〇年代初頭から、ミズーリ州インディペンデンスからオレゴンまで、太平洋岸北西部への移住者はオレゴントレイルを幌馬車で移動した。カリフォルニアトレイルは同じルートをたどり、途中分岐し、カリフォルニアのサクラメントを終着地とした。

一方の海路であるが、太平洋郵船会社の設立は一八四八年。ゴールドラッシュのニュースが駆け巡るなか、パナマ経由で太平洋を上る太平洋郵便船が就航。ニューヨークからパナマを経由し、一八四九年一月三一日、「カリフォルニア」号がサンフランシスコに向けて出港した[16]。メイ・ナイによればヨーロッパとアメリカ国内からのゴールドラッシュを目指した移動は陸路、海路（ホーン岬経由ないしパナマ経由双方）が半々であった。近いとはいえ、パナマ経由は地峡を渡るために一週間かけて、ロバとカヌーでジャングルを越えなければならなかった[17]。一八五五年、パナマ地峡に鉄道が開通し、サンフランシスコと大西洋岸を結ぶパナマ経由の海路が飛躍的に便利になった。一八六〇年の遣米使節団はまさにこのルートで大西洋に抜けワシントンDCに至っていた。またユニオンパシフィック鉄道とセントラルパシフィック鉄道がユタ準州でつながり、大陸横断鉄道が完成したのは、南北戦争後の一八六九年だった。

このように交通網が発展した時代、日本生まれの二人がもしサンフランシスコに着いたとしたら、パナマ経由でニューヨークまで船で向かったのだろうか。それとも陸路だとしたら、幌馬車でロッキー山脈を越えたのか、別のトレイルを延々とニューヨークまでたどったのだろうか。

繰り返しになるが、本書が主に対象としている時期の一八六一年から一八六五年には、日本人の外国への渡航は禁止されていた。よってアメリカ・ニューヨークへの移動は、漂流、留学ないし公式訪問からの脱落、密航、外国人による連れ出しの形しかなかったといえる。海外への公式訪問から脱落・逃亡したか、または密航であったならば、厳罰を覚悟で自分の意志で行ったものであった。整理すれば、日本人がニューヨークまでたどり着き、米国陸軍に志願したのなら、人物像は以下に絞られてくる。

①廻船などで漂流し米国の捕鯨船などに救助された水夫
②一八六〇年の遣米使節団（ポーハタン号）と咸臨丸からの逃亡者・行方不明者
③一八六四年の池田使節団からの逃亡者・行方不明者
④幕府から派遣された留学生
⑤開港場（箱館・長崎・横浜）からの密航者
⑥外国人が連れ出した使用人

⑤と⑥は幕府からみれば、密航者と位置付けられるものの、外国人が連れ出したのか、外国人に頼み込んだのか、によって経緯や意図が異なるので別の移動の形と位置付けたい。事実、この時期は、居留地の外国人による移住計画の萌芽がみられた時期であった。居留地の外国人はどうやったら日本人を外国に連れ出すことができるのかを、単発的にまた小規模な形で画策していたのだった。

しかし、入隊場所のニューヨークまでの移動経路は多数ある。太平洋航路だとしたら、米国内を陸路かパナマ地峡経由でニューヨークまでたどり着いたのかもしれない。または上海からインド洋を経て、ヨーロッパを経由し、大西洋航路でニューヨークに到着したのかもしれない。ニューヨーク最大の港は、二人が入隊したブルックリン港だった。一八六一年から六四年の間に、二人の日本人がアメリカに移動し、しかもアメリカの内戦に北軍側で戦ったのだとしたら、それはどのような経路で、どのような形で、そしてどのような人物であったのだろうか。

本書の構成

最後に、本書の構成を大まかに説明しておこう。第1章では、南北戦争の時代に、マイノリティがおかれた状況を概観し、アジア・太平洋出身者の記録を参照しながら、日本生まれの二人の記録を全体像のなかに位置付けていく。特に日本生まれの二人の経験を照らすものとして、中国人をはじめとするアジア・太平洋出身の兵士について光を当てる。

第2章では、従軍史料に加えて二人が記録された可能性のある人口センサス（国勢調査。アメリカでは一七九〇年が初回で、一〇年に一回行われる）の調査票原票（以下調査票）、死亡記録、帰化申請記録、新聞記事等から、二人にできる限り接近していく。

第3章では、南北戦争までの時代に太平洋における移動を余儀なくされた、複数の漂流者に光を当てる。漂流者が残留し、後に南北戦争に従軍したという可能性は十分にあると思われるが、漂流者にとって後戻りができない分岐点は何だったのか、考察する。

最後に第4章では、二人の日本人兵士について、使節団などで派遣された公式の移動に関連した人物ではなかったかどうかを検討する。

日本からの移動が絶対的に不自由であった時代に、海外に点在した日本人がいた。そのなかに、南北戦争に従軍した二人が含まれているはずである。ただしここで断っておくと、結局のところ二人が誰だったのか——本名や出身地等——については、明らかにはならなかった。しかし、二人の人物像を追うためには、当時の日本人を含むアジア・太平洋系の人々の移動への理解が必須であった。そこで漂流者・密航者という非公式の移動と公式の移動を分ける傾向にあった先行研究とは異なり、様々な形で海外にいた／いざるを得なかった日本人同士の接触について、包括的に描こうと考えた。同時に、二人を映し出す鏡として、中国人をはじめとするアジア系移民の南北戦争における位置付けを明らかにすることが必須であることも判明した。

つまり、本書では、南北戦争に従軍した二人の正体を探りながら、日本史とアメリカ史が人々の移動を通じて思いもよらない形でつながっていたことを明らかにしたい。漂流者同士、また、使節団と漂流者たちがどこでどのような形で出会っていたのか、またはすれ違っていたのかをみていくことで、二人が従軍したことの意味を考えたい。

日本人漂流者、密航者、使節団員、アメリカ人牧師、軍人、船長たちが遭遇し、同じ場所で同じ景色を見た時があった。そのような時の延長線上に、南北戦争に従軍した日本出身の人々がいたのである。本書は、階層や属性や職業や任務に応じてそれぞれ別に検証していてはみえない、南北戦争の時代の環太平洋の移動と移住の物語である。

1　Chris Fuchs, "Since the Civil War, Asian Americans have served in the military with distinction," May 25, 2019, https://www.nbcnews.com/news/asian-america/civil-war-asian-americans-soldiers-have-served-distinction-n1008476, 二〇二一年七月九日最終閲覧。本記事の冒頭、二〇一三年にシマ氏がオバマ大統領からメダルを授与される際の写真が掲載されている。

2　https://java-us.org/JAVA-News/8873601, 二〇二二年一月二四日最終閲覧。

3　ドルー・ギルピン・ファウスト（黒沢眞里子訳）『戦死とアメリカ――南北戦争62万人の死の意味』彩流社、二〇一〇年、九―一〇、二六六、二六八頁。貴堂嘉之「『血染めのシャツ』と人種平等の理念――共和党急進派と戦後ジャーナリズム」『アメリカ研究』三九、アメリカ学会、二〇〇五年三月、一二三―一二四頁。

4　Simon Dunn, New York, U.S., Civil War Muster Roll Abstracts, 1861-1900, 100th Infantry, 427, 158th

Infantry, 501. ニューヨーク兵員名簿抄録の元史料は米国国立公文書館（ＮＡＲＡ）の兵役記録（**Complied Military Service Record** 以下ＣＭＳＲと略称）であるが、情報がまとまっている利点がある。本書ではＣＭＳＲと照合のうえニューヨーク兵員名簿抄録の情報を適宜掲載する。ニューヨーク兵員名簿抄録は、一八六三年に成立したニューヨーク州法によって、兵役に志願したすべての同州出身者の情報を記録して保存することとなり、一八七六年に完成した。なお、本書で入手したセンサス調査票や帰化史料、従軍記録等の一次史料は別に断りがない限り、民間の有料データベースの **Ancestry.com** のものを使用した。

5 **John Williams, New York, U.S., Civil War Muster Roll Abstracts, 1861-1900, 1st Cavalry, 206.**

6 “Death of a Japanese,” *Alexandria Gazette and Virginia Advertiser*, December 30, 1867, 3. 同じ内容の記事が以下にも掲載された。*New York Herald*, January 4, 1868, 5. 初出は小澤智子、海外移住１５０周年研究プロジェクト編『遥かなる「ワカマツ・コロニー」――トランスパシフィックな移動と記憶の形成』彩流社、二〇一九年、九七頁。

7 U.S. Department of Homeland Security, *2018 Yearbook of Immigration Statistics*. Washington, D.C.: U.S. Department of Homeland Security, Office of Immigration Statistics, 2019. 6.

8 U.S. Department of Commerce, Bureau of the Census, “Part 1, Chapter C: International Migration and Naturalization (Series C 89-331), Immigrants, by Country: 1820 to 1970-Con.,” *Historical Statistics of the United States, Colonial Times to 1970*, Bicentennial Edition, September 1975, 99, 108-109, https://www.census.gov/library/publications/1975/compendia/hist_stats_colonial-1970.html, 二〇二一年一〇月四日最終閲覧。

9 菅（七戸）美弥「トランスナショナルな移住・移動と『移民』送り出しネットワーク――会津若松・北海道・横浜・カリフォルニア」『遥かなる「ワカマツ・コロニー」』一四―一六頁。

10 U.S. Department of Homeland Security, *2018 Yearbook*, 6.

11 “Civil War Facts: 1861-1865,” https://www.nps.gov/civilwar/facts.htm, 二〇二一年一一月三〇日最終閲覧。

12 U.S., Civil War Draft Registrations Records, 1863-1865.

13 https://www.cof14thcvi.com/Joseph_Pierce/Joseph_Pierce.html, 二〇二一年七月三〇日最終閲覧。

14 Ruthanne Lum McCunn, *Chinese Yankee: A True Story from the Civil War*, Design Enterprises of San Francisco, 2014. Carol A. Shively, editor, Civil War to Civil Rights Commemoration Coordinator, *Asians and Pacific Islanders and the Civil War*, Washington, D.C.: National Park Service, U.S. Dept. of the Interior, 2015.

15 マーク・シリング「特別寄稿 南北戦争に参加した日本人」『歴史研究』四四（四）、戎光祥出版、二〇二一年四月、六〇—六六頁。

16 John Haskell Kemble, "The Panamá Route to the Pacific Coast, 1848-1869," *Pacific Historical Review*, 7(1) (March 1938), 1-13.

17 Mae Ngai, *The Chinese Question: The Gold Rushes and Global Politics*, New York: W.W. Norton & Company, 2021, 23.

第1章

南北戦争とマイノリティ——アジア・太平洋系移民

アジア・太平洋系移民の兵士たち——はじめに

一八六一年、奴隷制の維持を主張する南部一一州が連邦を脱退し、アメリカ南部連合を結成した。連邦側はそれを阻止し、連邦を維持するべく南北戦争が起こった。それは南部一一州と北部二三州とに国を二分した血みどろの内戦のはじまりであった。当時連邦側は「反逆の戦争（War of the Rebellion）」と呼んだ。よって、本章でも引用する史料ではアメリカ南部連合に対する「反逆者」や「反逆軍」という言葉が散見されることをはじめに断っておきたい。

ジェンダー史からみた南北戦争史の大家、ニナ・シルバーによれば、南北戦争の大義は南部では家庭や女性を守ることとして語られた。一方、国家がより身近なものであった北部で語られた大義とは、現存する政府のため、未来の安寧のためであった。[1] 当然ながら従軍の動機は北軍内部でも様々で、大きくは志願兵か徴兵か、白人か黒人か、移民かアメリカ生まれか、奴隷解放支持者か否か等によって異なっていた。多くの人々にとっては金銭的な動機も重なっていた。その背景には、一八六一年七月、三年間の兵役につく者に対する一〇〇ドルの報奨金支払いを議会が承認したことがあった。そして一八六三年三月の徴兵法の成立により、三年間の兵役につく者には三〇〇ドル、五年間の兵役につく者には四〇〇ドルが支給されるようになった。戦争全期間中、合衆国政府が州や地方とともに支払った報奨金の額は約七億五〇〇〇万ドルに上った。

本章では南北戦争においてマイノリティがおかれた状況を概観し、日本生まれの二人をその歴史のなかに位置付けていきたい。日本生まれの二人の兵士の経験を比較の見地から照らすものとして、主に中国人移民兵士の事例に光を当てる。アジア・太平洋からの移民のなかで最も数の多かった中国人と日本生まれの二人の間に共通点があるとしたら、どのような点であろうか。アジア・太平洋系移民にとって従軍の意味と大義はどんなものだったのだろうか。貧困ゆえだったのか、アメリカやアメリカ人への恩義によるものだったのか。むろん一般化は出来ない。それでもなお、彼らがいつどこで入隊したのか、志願兵が多かったのか、代替兵（ブローカー等を通じて徴兵対象となった人物から報酬を受け取り、代わりに入隊する兵士）であったのか等の検証を通じて、彼らがおかれた状況を確認することができるだろう。それはとりもなおさず、日本出身の二人のおかれた境遇を照らすことに直結する。アジア・太平洋系移民兵士の従軍経験は、二人の日本人兵士を映し出す鏡なのである。この点を念頭において、以下、南北戦争前の移民動向を概観したうえで、アジア・太平洋系移民の肌の色は入隊時どのように記載されたのか、肌の色いかんによっては「有色人種」部隊に入隊した中国人移民やアジア・太平洋系移民はいたのか等を、みていくこととする。

1　南北戦争前の移民動向

ヨーロッパからの移民

まずは南北戦争前の全体的な移民動向からみていこう。一八四八年から四九年はまさに移民増のターニングポイントであった。アイルランドでは一八四五年から四九年にかけてのジャガイモ飢饉、ドイツでは一八四八年革命を背景として、移民が激増することとなったのである。アイルランド移民の数は二〇年間で一六八万五六三一名。第二位のドイツは一三六万一五〇六名。第三位のイギリスは六六万三八九四名であり、アイルランドとドイツからの移民の多さが際立っている。[2]

このような移民増加は一八六〇年センサスに反映され、全米の奴隷を除く自由人人口の一七・八%が外国生まれとなった。そのうち、アイルランド生まれが全米で一六一万一三〇四名、ドイツ生まれが一三〇万一一三六名で、それぞれが外国生まれ人口に占める割合が三八・九%と三一・五%であった。[3]都市別でみると、ニューヨーク市ではアイルランド出身者が二〇万三七四〇名で、全人口八〇万五六五一名中、四人に一人がアイルランド生まれだった。次はドイツ生まれの一一万九九八四名であったので、同市におけるアイルランド生まれの人々の人口規模の大きさが分かる。[4]

アイルランド移民は、北部社会において差別と偏見にさらされていた。イギリスの積極的な貧民送り出し政策を背景に、マサチューセッツ州では、病気になったり貧民になったりしたアイルランド移民に対して、アイルランドへの強制退去措置が取られたほど、アイルランド移民への排斥感情は強かった。[5]

アジア・太平洋からの移民

一八四九年のゴールドラッシュを契機にアメリカ国内外からカリフォルニア州に移住者が押し寄せたが、アジア・太平洋からの移民もカリフォルニア州に向かった。そのなかでもっとも数が多かったのは中国人である。

一八六〇年、全米の中国人は三万五五五六名であった。[6]そのうち三万四九三三名(男性三万三一四九名、女性一七八四名)がカリフォルニア州に集中していた。[7]ニューヨーク州での中国人はわずか七七名であった。[8]全米の中国人の外国生まれ人口に占める割合は、一八五〇年の〇・〇三%から一八六〇年に〇・九%に増加したが、それでもなお一%に満たない比率であった。[9]圧倒的に男性が多かった中国人移民は、ヨーロッパからの移民とは比較にならないほど少数であったのである。しかし、彼らが集住したカリフォルニア州では、経済的な競合や、異質とみなされた文化、辮髪《べんぱつ》などの見た目、キリスト教徒でないこと等を理由にして、反中国人感情が間もなく顕在化することとなった。

南北戦争にいたる時代のこのような移民動向とセンサスからみて、戦争時の北軍兵士のうち、約四分の一から五分の一を移民が占めたのは当然の結果であった。ニューヨーク市には「アイルランド人旅団」のように、戦争当初から従軍を志願し大きな犠牲を払ったアイルランド人兵士も数多く存在した。[10] こうした移民兵士をよりいっそう増やすため、一八六二年七月一七日、連邦議会は名誉除隊となった外国人兵士に帰化権を与える旨の法律を通過させた。議会は帰化権取得を従軍の動機の一つにしようとしたのである。当初の楽観的な予想に反して、先の見えない戦争での北軍勝利のために、移民兵士の存在がますます重要になっていったのである。

2　一八六三年連邦徴兵法

徴兵法成立とその反響

一八六三年三月三日、北軍兵力の増強を確かなものとするために連邦徴兵法が成立した。連邦徴兵法では二〇歳から四五歳の健康な男性の合衆国市民と、外国生まれで合衆国市民となる宣誓をしたものが対象となった。他方、免除の条件は、身体的・精神的に不適格である場合や、父親が亡くなっていて母親が一人息子の稼ぎに頼っている場合等の家庭状況によって規定された。徴兵される兵士の人数が州ごとに定められた後、連邦政府によって名簿がつくられ、下院選挙区ごとの抽選で、徴兵対象者が決められた。

同法のなかで兵役免除のためには代替兵を見つけるか三〇〇ドルの免除金を払う道が示された[11]。三〇〇ドルの二〇二三年現在の貨幣価値は六〇〇〇ドルを超えている[12]。三〇〇ドルの設定理由は、貧困男性でもなんとか手の届く金額であること、代替兵への支払いを同程度に抑えておくこと、士気の低い兵士の動員よりも戦争遂行の資金確保を優先させることであった。ただし、上院軍事委員会委員長のヘンリー・ウィルソン上院議員(マサチューセッツ州選出、後の第一八代副大統領)らの本音は「社会に役立つ有産階級は徴兵から保護されなければならない」というものであった。

また徴兵対象として州および連邦議会議員を対象とするか否かについて、ウィルソン上院議員は法案の良心がかかっていると主張し、議員を対象に含めた。とはいえ、上院では二、三人、下院では二〇人程度が対象となるだけで、しかも免除金の支払いや代替兵を見つけることが困難ではないと見込まれたうえでの決定であった[13]。ウィルソンの語る「良心」には裏があったのである。

徴兵法成立後、手順の分からない若者から法外な手数料を取ったり、身体的な不適格者を適格者であると偽って入隊させたりする、ブローカー商売が繁盛した。ブローカーと徴兵事務所が結託し報奨金を騙し取ることすらあった。一方で兵士の中にも、代替兵になった後、実戦に出る前に逃亡し、また別の土地で代替兵となり報奨金を稼ぐ者が多数あらわれた[14]。

当時、民主党は、戦争遂行のため連邦政府に協力する「ウォーデモクラッツ」と、戦争反対で南部寄りの「ピースデモクラッツ」の二つに分かれていた[15]。ニューヨークでは民主党の政治的優位が続き、当時の州知事はピースデモクラッツのホレーショ・シーモアであった。シーモアはエイブラハム・リンカン大統領の政策にことごとく対立の姿勢を取った。彼や他の民主党の政治家は、徴兵制を連邦介入の象徴とみなし、共和党の懲罰的計略だとして反対した。しかも彼らはニューヨークには過度の負担がかけられていると確信していた。南北戦争や奴隷制に関する歴史学者アイヴァー・バーンスタインによれば、リンカン政権側がニューヨークの徴兵者数を故意に上乗せした証拠はないという。ただ故意ではなかったとしても、戦争中に憲兵総監（司令官）を務めたジェームズ・フライは、徴兵数計算の際、ニューヨークにおける志願兵の数は正しく認知されていなかったと後年語ったという[16]。

図表1-1　ニューヨーク徴兵暴動
出典：『イラストレイテッド・ロンドン・ニュース』1863年8月15日

二人の日本生まれの人物が入隊したニューヨークには、このような緊迫した政治状況があった。同市では連邦徴兵法は「金持ちの戦争に貧乏人が戦う」ことの証左だとして、また州政治への連邦（共和党政権）による介入の象徴として、民主党を支持するアイルランド移民等から反対の声が噴出した[17]。一八六三年七月一三日から五日間続いた抗議活動は、当初のアイルランド系だけでなくドイツ移民、アメリカ生まれの人々も参加していたが、次第にアイルランド系労働者を中心とする暴動に変容する。第九選挙区の徴兵事務所がまず焼き討ちの標的となり、共和党の有力議員の家のほか、黒人の孤児院も焼き討ちにあった。暴動に参加した多くのアイルランド系労働者にとっては、黒人奴隷解放という大義は納得できないものであった。経済的な競合を背景に激しい憎悪の矛先となった黒人男性一一名がリンチによる犠牲者となったが、特に白人女性と異人種間関係を持っているとされた黒人男性が狙われたという[18]。

ブローカーとマイノリティ

暴動は連邦軍によって鎮圧され、連邦のニューヨーク州政治への介入が進んだ。しかし、兵士不足は別の問題であった。なぜならば、徴兵された人物の多くが代替兵よりも免除金を選択したからである。例えば、第二二、二四代大統領グローヴァー・クリーヴランド（一八三七年生まれ）は、一八六三年六月の徴兵時に二六歳で、ニューヨーク州バッファローで弁護士業を営んでいた。彼は三二歳のポーランド人移民であるジョージ・ベニスキに、ニューヨーク第七六歩兵連隊の兵卒として代替兵になってもらうために金を支払った。[19]

一八六四年七月に徴兵法が修正され、三〇〇ドルの免除金が廃止された。これにより代替兵の値段は急騰し、ブローカーがいっそう暗躍することとなる。特に黒人や移民マイノリティがブローカーの標的となったが、彼らを騙し入隊させる手口には次のようなものがあったという。

〔最悪の手口は〕来たばかりで無知な移民を誘拐し、入隊目的で彼らを遠くの場所に運ぶことだった。ブローカーは……移民船に乗ることを許可されていた。彼らはいったん乗船すると、ドイツ人とアイルランド人にすぐに儲けられるとの約束をして甘い言葉を投げかけた。そのような誘いが効果的でなかった場合、ブローカーは脅迫に出た。怯えた外国人は、ほとんどの場合入隊に同意したのだった。彼らはアメリカの地に足を踏み入れる前に、ブローカーに拘束されていたのである。[20]

また最近では、トランスナショナルな視点から、移民兵士への強制徴兵と公使館やコミュニティからの介入や抵抗について分析する研究が進んでいる。そのなかでは、海外で直接代替兵をリクルートするビジネスも盛況であったと触れられている。

カナダ、アイルランド、ドイツでの兵士の採用は公には違法だったが、徴兵された男性の代わりを提供できるエージェントにとっては儲かるビジネスであったので、ドイツ本土での兵士採用は繁盛した。ボストンのエージェントであるアレン&ロスによって組織された計画は、ハンブルクから一〇七七人の男性（主にドイツ人、一部スイス人とベルギー人）をアメリカに連れて行った[21]。

こうしたブローカーやエージェントによる騙しの被害に、アジア・太平洋系移民が遭わなかったとは到底考えられない。サイモン・ダンが入隊したのは一八六三年一二月七日で、徴兵法成立の後である。彼の登録場所であるブルックリンは一八六〇年センサスによれば隣のニューヨーク市とフィラデルフィア市についで全米で三番目に大きな都市であり、二六万六〇〇〇人以上の人口を擁していた。同市には海軍造船所があり、周囲にはブローカーの事務所が林立していたのである。

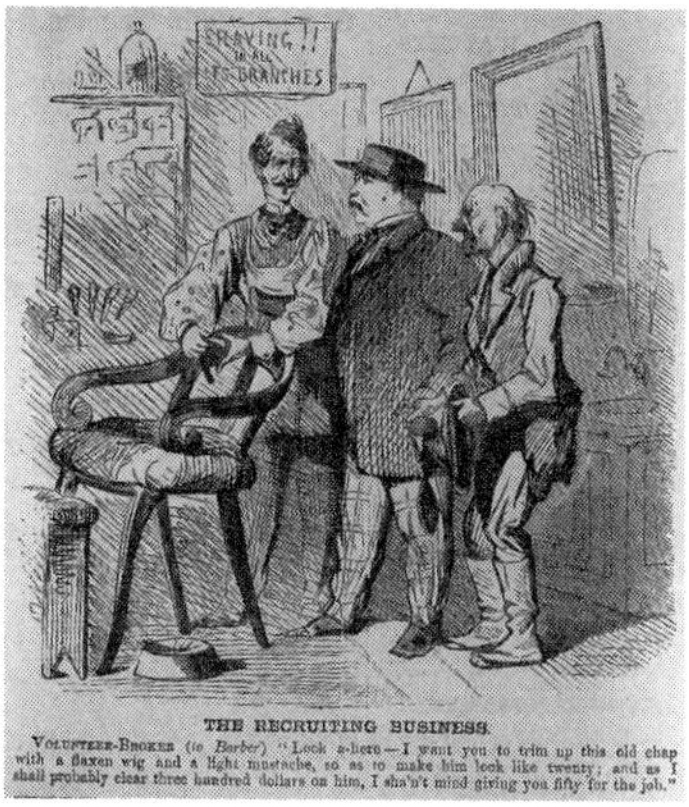

図表1-2　リクルーティング・ビジネス
出典：『ハーパーズ・ウィークリー』1864年1月23日　床屋にむかってブローカーが「この老人を亜麻色のかつらと薄い口ひげで整えて、20歳に見えるようにしてほしい」と頼んでいる。ブローカーが報奨金をむしり取るため、徴兵の対象にならない老人が、若く見えるよう細工を頼んでいるさまを風刺している。

もう一人の日本生まれのジョン・ウィリアムズが代替兵とし

て登録された一八六四年八月二五日には、徴兵法の改正により三〇〇ドルの免除金が廃止された後で、代替兵の値段が高騰していた。ところが入院時にウィリアムズが所持していたのは報奨金、代替兵代金、給料として本来支払わるべき金額よりもはるかに少額だったので、ウィリアムズがブローカーから騙された可能性は大きい。この詳細については、第2章で述べていく。

奴隷解放宣言と「有色人種」部隊

南北戦争を北軍有利に進めることとなったターニングポイントが「有色人種」部隊の設置であった。一八六二年九月に出された、奴隷解放予備宣言は反逆州（つまり南部）の奴隷を解放するだけではなく、黒人兵士の募集を可能とする以下の文言を含んでいた。

適切な健康状態にある者は、要塞、陣地、駐屯地、その他の場所を守備するために、あるいは種類を問わず軍の艦船に乗り組むために、合衆国軍隊に受け入れられることをここに宣言し、周知させる。

奴隷解放宣言後、戦争の主たる目的が「連邦救済」から「黒人奴隷解放」へと変質する。奴隷解放宣言を受け、陸軍長官エドウィン・M・スタントンは、マサチューセッツ州知事ジョン・A・アンドリューに、一八六三年一月二六日に「アフリカ系の血統」の人々の連隊編成を開始するよう指示した。マサチューセッツ第五四歩兵連隊は主に自由黒人の志願兵で編成された。元奴隷で奴隷即時解放運動家のフレデリック・ダグラスは自身の息子二人をこのマサチューセッツ第五四歩兵連隊に送った。映画『グローリー』は黒人兵士と彼らの指揮を執ったロバート・グールド・ショー大佐を描いたものである。このなかで元逃亡奴隷の黒人兵士を演じた、デンゼル・ワシントンが一九九〇年に第六二回アカデミー助演男優賞を受賞した。

一八六三年五月二二日、ついに「有色人種」部隊局が組織され、約一七万八〇〇〇人の黒人が陸軍「有色人種」部隊に、二万九五〇〇人が海軍に入隊することとなる。海軍の場合、黒人兵士が全体に占める割合は約二〇%で、陸軍のそれに比べて二倍近かった。海軍における黒人兵士の出身地としてはメイン州をはじめとしてメリーランド州等の大西洋岸州が上位を占め、船員や造船業についていた人々が多かった[22]。海軍はこのように積極的にマイノリティの採用を行った。

しかしドルー・ギルピン・ファウストによれば、黒人兵士の五分の一が生きて戻ることはなかった。彼らは戦闘に起因するよりも一〇倍高く病気によって亡くなった。一方、白人兵士の場合、病気による死亡は戦死よりも二倍高かった。黒人兵士の病気による死亡率の高さは、「有色人種」部隊のおかれた環境や医療体制の劣悪さをも物語っているのである[23]。

3　アジア・太平洋からの移民兵士

全体像の探求

南北戦争時のアジア・太平洋からの移民兵士についてみてみよう。二〇一五年に出された国立公園局（ＮＰＳ）による*Asians and Pacific Islanders and the Civil War*のリストと他の史料を参照して、筆者独自のアジア・太平洋系移民兵士の情報をまとめたリストを作成した。一四五名の中国生まれないし中国人（系）の兵士については、アメリカ生まれのほか、南軍従軍者の三名もこの中に含めた。ただし、メイン州にあるチャイナという場所出身で、他の情報が中国人とは思えない人物等は、総合的に判断してリストから除いた。

南北戦争時のアジア・太平洋系移民の肌の色の記載はどのようなものであったか。入隊場所やタイミングに、特徴的なことはあったのか。そのうえで中国人に注目し、彼らがどのような戦いに参加したのか、日本生まれの二人と同じように、名前は欧米風が多かったのだろうか。新聞紙上における中国人兵士への報道はどのようなものであったか。以下、これらの点についてみていくこととしたい。

肌の色(complexion)の記載

まず、アジア・太平洋からの移民に対して、どのような肌の色の記載がなされたのかみてみよう。そのうち中国人については、リストの一四五名のうち、肌の色が明記された八三名への記載を検証してみた。その結果、「浅黒い(dark)」が最も多く八三名のうち三四名(四一・〇%)。次に「チャイニーズ」と「チャイナ」があわせて九名で一〇・八%。「黄色(イエロー)」と「黒い(ブラック)」がそれぞれ七名で八・四%を占めた。「黒ずんだ(swarthy)」は六名(七・二%)であった。半数には届かないものの、「浅黒い」が他と比べると抜きんでて多いといえる。それ以外の記載が合計二〇名(二四・一%)。ちなみに日本生まれの二人の肌の色も「浅黒い」と書かれていた。一般的には「浅黒い」のほうが「黒ずんだ」よりも、肌の色が黒い場合に使われる語彙である。また、「黄色」と「チャイニーズ」との記載は、合わせて二〇%近くを占めた。「チャイニーズ」は当然ながら肌の色ではなく、中国人に対して書かれた独自の記載だった。ただし「黄色」は中国人だけに使われたわけではなかった。

このような中国人の肌の色の記載とコネチカット州立文書館が作成した「有色人種」部隊の一六九九名分のリストとを比較してみよう。まず一六九九名のうち圧倒的多数の一三四二名(七九・〇%)の肌の色は「黒い」と書かれていた。次に「カラード」が二二九名、さらに「浅黒い」が七五名であった。ここで「カラード」とは「有色人種」を意味する。センサスにおいては、一八二〇年の第四回以降「自由カラードの人々（Free Colored Persons）」という分類項目の中に含まれた言葉である。[24]「浅黒い」は既述の通り、中国生まれの四〇％強の人に対して記載がみられた肌の色であった。「浅黒い」は「有色人種」部隊に限らず広くみられたことが分かる。

加えて興味深いのは、「有色人種」部隊に入った一二名の肌の色が「黄色」と記載されていたことである。彼らはすべてアメリカ生まれで、一人を除きコネチカット州に居住していて、「黄色」は中国人だけを示す肌の色ではなかったことが分かる。おそらく二人は先住民だったと思われる。というのも、「黄色」が先住民を示す前例が、初期のセンサスでみられたからである。「白人」「黒人」「ムラトー（主に黒人と白人の「混血」を意味する）」が公式の分類となったのは一八五〇年であり、一七九〇年の第一回センサスでは全米で決まった調査票フォーマットはなかった。そのようななか、一七九〇年のメリーランド州では「自由なイエローとブラック」との項目を立てた調査員もいた。一七九〇年のメリーランド州での「自由なイエローとブラック」の「イエロー」とは、現代でいう「アジア系」ではなく、「インディアン」を指していた。[25] 一九世紀後半以降に黄禍論が広まった影響もあり、中国人や日本人を「黄色」で表現する語彙が広範にみられるようになるが、建国当時には先住民の肌の色を意味した前例があったのである。このように「有色人種」部隊に入隊した人々の肌の色としては、「黄色」や「ムラトー」が、そして生まれた場所には様々な外国が含まれた。

一方、フィリピンやインド出身者に対する記録はどのようなものだっただろうか。肌の色に関する記録が残っていた五〇名のフィリピン出身者の場合、「浅黒い」が最も多く一五名（三〇・〇％）であった。しかし、「赤褐色」の八名（一六・〇％）に次いで、「ムラトー」と「茶色（ブラウン）」がそれぞれ六名（一二・〇％）と、目立つ結果となった。さらに「カラード」が五名で、一〇・〇％を占めた。「肌が白い」を意味する「色白の（フェア）」や「明るい（ライト）」と書かれた人は皆無である。[26] このように、センサスにも使われた「ムラトー」や「カラード」に該当すると考えられた人々がフィリピン出身者には多くみられたのだった。

六六名のインド出身者への肌の色の記載でも、やはり「浅黒い」が最も多く、二〇名（三〇・三％）、次に「黒い」が一三名で一九・七％となった。「黒い」が占める割合が中国やフィリピン出身者よりも高く、フィリピン出身者と比べると五倍の高さであった。しかし同時に、「肌が白い」と書かれた人も一四名（二一・二％）だった。[27] つまり、インド出身者の場合は「浅黒い」以外は、「黒い」と「肌が白い」とされた人の二極に分かれた点が特徴的だといえる。

「有色人種」部隊か

先にも言及した通り、「有色人種」部隊に入隊したアジア・太平洋系移民がいた、という事実はほとんど知られていないと思われる。そのことを次にみていこう。

まず、中国生まれの一四五名のなかでは「有色人種」部隊に入ったのは以下の四名だった。

①アブ・ドールド（Ab Dold）名前はAb Dola, Ab Dold, Apdolaと書かれることもあり。第三一「有色人種」歩兵連隊、一八六四年一月コネチカット州ノーウィッチで入隊、一八三八年中国生まれ、肌の色 黒い、目の色 黒い、髪の毛の色 黒い、職業 水兵、従軍期間三年

②フランシス・H・A・ワルドロンド（Waldronde）第四三「有色人種」歩兵連隊F中隊、一八六四年三月ペンシルヴァニア州フィラデルフィアで入隊、一八三〇年頃中国・上海生まれ

③フアン・ロディーゴ（Juan Lodigo）第三一「有色人種」歩兵連隊、一八六四年一二月三日コネチカット州ニューヘイヴンで入隊、一八二六年頃中国・南京生まれ、エドワード・M・プラット（Pratt）の代替兵。肌の色 黒い、目の色 黒い、髪の毛の色 黒い、職業 労働者、従軍期間三年、一八六五年七月一〇日脱走

④ムーア（A Moor）第七「有色人種」歩兵連隊、一八六五年一月ロードアイランド州プロヴィデンスで入隊、一八四二年中国生まれ、肌の色 ムラトー、目の色 黒い、髪の毛の色 黒い、職業 コック、従軍期間一年[28]

入隊の時系列で並べた四名のなかで①と③の人物の肌の色が「黒い」と書かれている。二人が入

隊したのはともにコネチカット州であり、入隊時期は異なるものの、同じ第三一「有色人種」歩兵連隊に配属された。②の人物は、生まれた場所は上海と特定されているが、見た目に関する重要な情報である肌の色、目と髪の毛の色の記載がない。ワルドロンドは欧米風の姓名であるだけでなく、H・Aとのミドルネームが記載されていることから中国人ではない可能性が高い。③のロディーゴは、代替兵となったことと、のちに脱走していたことが分かったが、姓名が欧米（スペイン）風であり、中国人ではないのではないか。④の人物は、名前が「ムーア」という、従来黒人、白人、先住民の間の「混血」を意味する言葉となっており、肌の色も同様の語彙の「ムラトー」と記載されている。こちらも中国人ではない可能性が大いにある。

一方で、出身地が「東インド諸島（East Indies）」の場合、七名全員が「有色人種」部隊に入っていた。「東インド諸島」とは主に現在のインドネシア、フィリピン、マレーシアを指していた。彼らの肌の色の記載はすべて「黒い」である。出身地が「マニラ」ないし「マニラ・東インド諸島」と書かれた二名もいて、彼らの肌の色も「黒い」との記載であった。このうち三名が代替兵で、ブルックリンでコックをしていたアレクサンダー・デュプリー（Alexander Dupree）は、「E・ムーア」なる人物の代替兵であったことが分かった。インド出身者のなかで少なくとも二人が「有色人種」部隊に入っていた。ニューヨークで入隊し、出身地がボンベイと書かれたウィリアム・スモールの肌の色は「黒い」である。もう一人のジョン・ジョンソンはロードアイランドで入隊していて、出身地はヒンドゥスタン。彼の肌の色は「浅黒い」であった。[29]

「有色人種」の境界

このようにアジア・太平洋の出身の人々のうち「有色人種」部隊に入隊した人が確かにいた。ただし、どのような肌の色の人が実際に「有色人種」部隊に入るかの境界には曖昧さが残った。

そうした曖昧さが、次に述べる同一人物への異なる人種の判断となって表れた。ホゼ・デュラテは一八六一年五月一七日ニューヨークで入隊登録した。陸軍が黒人兵士を認める前のことである。入隊時の記録では、デュラテの生まれた場所としては何も記載がなかった。しかし、二年後、「この男はニグロである、一八六一年に違法に登録」と判断された。そして一八六三年九月一八日、「陸軍長官の命により有色人種として除隊」となった。[30] 二年たった後に「ニグロ」であると「発見」されたことと、その時までに「有色人種」部隊局が組織されたことは表裏一体であった。デュラテに対しては、一八六一年の入隊時には問題とならなかった肌の色が、受け皿が作られた段階になって「有色人種」部隊に入るべきものとして再認識されたのである。

図表1-3　マサチューセッツにおける黒人兵募集ポスター
出典：J. E. Farwell & Co, Boston, 1863 (Massachusetts Historical Society)

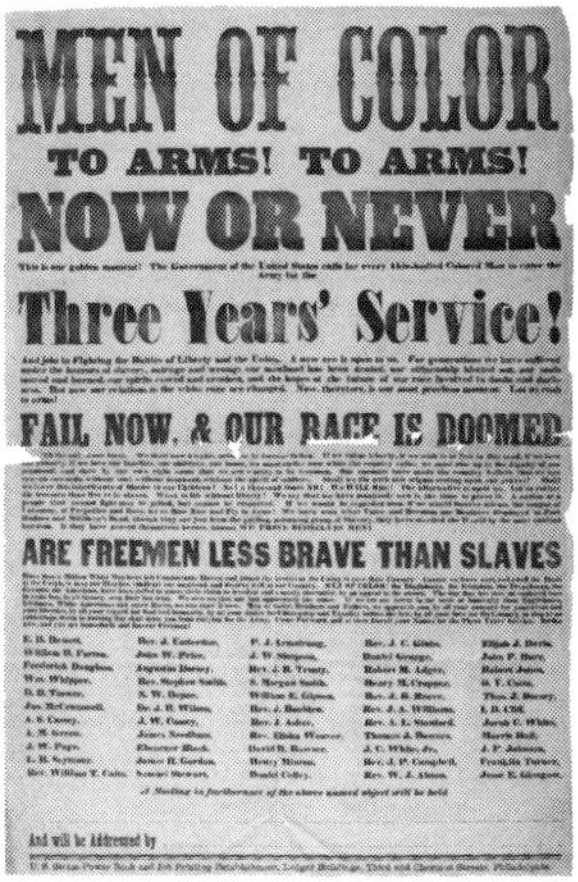

図表1-4　フィラデルフィアにおける黒人兵募集ポスター
出典：Smithonian National Museum of African American History and Culture

デュラテの場合に判断基準となった「ニグロ」とは、当時黒人を示していた。また、「カラード」はセンサスにおいて一八五〇年から「黒人」と「混血」を意味する「ムラトー」を包含する言葉として使われていた。ここから分かるように、「有色人種（カラード）」部隊に入る人々として主に念頭にあったのは、元奴隷の黒人と自由黒人だった。彼らを表現する言葉として、マサチューセッツ第五四歩兵連隊の募集ポスターには「アフリカ系の血統（の人）」と書かれていた（図表1－3参照）。ここでは、一八六四年に発行されたセンサス・レポートで使用された「アフリカ系の血統（African descent）」と同じ言葉を使っている。[31] 一方、ペンシルヴァニア州で使われたのは「有色の男性（MEN OF COLOR）」であった（図表1－4参照）。

実態としては、「アフリカ系の血統」からは外れるアジア・太平洋系移民も「有色人種」部隊に入隊していた。「有色人種」部隊を構成したのは、ハワイ人、フィリピン人、インド人を含む、多様な「有色の人々（Persons of Color）」とされる人々であったのである。[32]

ただし、肌の色が「チャイニーズ」や「黄色」はもちろんのこと、「カラード」と記載された中国生まれの四名も「有色人種」部隊には入っていなかった。ここで再度確認すると、中国生まれの人々の半数弱の肌の色は「浅黒い」と記載されていた。肌の色の濃淡とはほとんど関係なく、中国人は「有色人種」部隊に入る人々とはみなされていなかったと思われる。これは肌の色が「浅黒い」と書かれた日本生まれの二人の兵士にも当てはまることである。

騎兵隊に入隊したアジア・太平洋系移民

さらに騎兵隊についてであるが、日本生まれのジョン・ウィリアムズ以外にもアジア・太平洋系移民のなかに騎兵隊入隊者がいた。管見の限り合計八名で、そのうち中国生まれとインド生まれがそれぞれ二名。しかもウィリアムズ同様、ニューヨークの騎兵隊への入隊者が五名で、そのうちの一人中国生まれのアルフレッド・ウォンは、ニューヨーク第一二騎兵連隊に入隊していた。また、ジェームス・ジョンソンは、三年間、ニューヨーク第一八騎兵連隊M中隊に召集されたが、一八六四年年七月、ルイジアナ州シボドーで脱走した。

騎兵となったこれらの中国人やインド人の出自について、*Asians and Pacific Islanders and the Civil War* には記述がみられない。一方で、ジョン・ウィリアムズについては、騎兵隊と侍とが結びつけられることにより、ウィリアムズは幕府が派遣した「若き侍」の留学生であったとの人物像が提示される。「侍でなくても乗馬が可能な人たちもいたが、彼らが当時アメリカに来られた可能性は非常に低い」との記述は、当時日本から移民や旅行者としての移動が不自由であったという点で正しい。ただし次章でも触れるが、「侍の留学生」との前提は、そのイメージが先行してしまうだけではなく、実際ウィリアムズが誰であるのかの可能性を狭めてしまっている。また、馬の世話をすることが任務の、馬には乗らない騎兵がいたという単純な事実が看過されている。騎兵隊に入隊した八名のアジア・太平洋系移民兵士は、馬の世話をする大事な任務を担っていたかもしれないのである。

ハワイ出身の准将と兵卒

アジア・太平洋系移民兵士の全体像の最後に、ハワイ出身兵士についての語りをみておきたい。語りの主人公はハワイ出身の准将サミュエル・チャップマン・アームストロングで、彼の日記にハワイ出身の兵士についての記述が残されていた。アームストロングは、アメリカ人宣教師の両親のもとにハワイで生まれた。一八六二年にマサチューセッツ州のウィリアムズ大学を卒業した後、ニューヨーク第一二志願歩兵連隊の大尉に任命され、ゲティスバーグを含む多くの任地に赴いた。後に、第九「有色人種」部隊を率いる中佐に昇進し、さらに大佐に昇進した。[33] 戦争のさなか彼は、ハワイ出身の従卒との会話を以下のように手紙にしたためた。

　昨日、従卒が私の馬をつないでいたので、私は彼にどこから来たのか尋ねました。なんとハワイ出身でした！　彼は昨年、島からやってきた、ケ・アロハ（Kealoha）という名前の純血の

写真1-1　ハワイ人兵士の上官サミュエル・C・アームストロング
出典：Civil war photographs, 1861-1865 (Library of Congress)

> カナカ〔ハワイの先住民、ハワイ語で人を意味する〕であることが判明しました。スミス裁判官の近くに住んでいたカイウイ（Kaiwi）という名前の別の人もいて、昨年七月に島〔ハワイ〕を離れたとのこと。彼らに会えたことは大きな喜びで、私たちはハワイ語でにぎやかに話しました。ケ・アロハは第四一「有色人種」連隊の二等兵であり、カイウイは第二八「有色人種」連隊の二等兵です。どちらもいい人で、私に会えてうれしかったようです。[34]

ケ・アロハはハワイ語で「愛しい人」という意味である。アームストロングの日記の記述は、上官と兵卒の間でありながら、人間と人間のほのぼのとした交流を感じさせるものである。戦争後の一八六六年から一八七二年までアームストロングは解放民管理局（正式名は避難民、解放民および放棄土地局）で働き、後にハンプトン師範農業学校（のちのハンプトン大学）を設立した。こうした日記の語りは「有色人種」の教育のために尽力した人物の精神を物語るといえる。

アームストロングの日記がそうであるように、マイノリティの歴史は本人ではなく、白人やマジョリティ側によって間接的に語られることがしばしばある。第3章で扱う漂流者も、別の漂流者への調書や途中で出会った白人の牧師らが記録する史料の中において記録が残される。この点では管見の限り、サイモン・ダンやジョン・ウィリアムズを率いた士官のなかに日本ないし中国に行ったことがあるような人物はみられなかった。また、士官と上記のような会話が交わされたことが書かれた日記も見つかっていない。

4　中国人兵士の記録

兵役記録から――入隊場所と居住地

ここからは中国人兵士に絞って、兵役記録を検証していこう。まずは、入隊場所と居住地の記載についてである。リストの一四五名のうち入隊場所が書かれていたのは八八名であった。その内訳は、ニューヨーク州が半数弱で四八名、次にペンシルヴァニア州の一一名、ルイジアナ州ニューオーリーンズの八名と続いた。ニューオーリーンズの八名のうち二人は一八六二年七月に入隊、そして四人は同年九月に入隊し、そのうち三人は同じ歩兵部隊に配属されていた。情報を共有した移民仲間が入隊を決意したのではないかと思われる。ただし三人はそろって脱走していた。

一方、入隊場所がカリフォルニア州と明記されていたのは二名だけで、彼らは「カリフォルニアの住民」とも書かれていた。一人は、一八六五年の三月に軍艦コマンチ号に新米船員ならびに給仕として入隊。もう一人は、ナラガンセット号に入隊。他に入隊場所は空欄だが「カリフォルニアの住民」と書かれた二名がいて、いずれも海軍に入隊していた。さらに、「アー・ティ」はニューヨークで入隊したが、居住地はカリフォルニア州内陸の町ダウニーヴィルであった。ダウニーヴィルはゴールドラッシュで一八五〇年代に栄えた鉱山町であった。[35] これらをすべて合わせても、「カリフォルニアの住民」と書かれた中国人は五名だけである。

このように中国人兵士には集住地のカリフォルニア州の住民は少なく、また、入隊場所がほとんど東部に限定されていた。この事実が日本生まれの人物像に示唆するものは、密航であれ、漂流であれ、何らかの移動の結果、この二人がアメリカのカリフォルニア州などの太平洋岸州に居住していたとしたら、そこから入隊のためにブルックリンまで来た可能性は低いということである。よって、二人はニューヨークに着き（その後）住んでいたか、移動のしやすいボストンなどの北東部の都市に住んでいた可能性が高いように思われる。

海軍か陸軍か

リストの中国人一四五名のうち、従軍先が不明なのは八名だけであった。従軍先は海軍が九二名、陸軍が四五名で、八名の不明者を除くと、おおよその割合としては海軍が六七％、陸軍が三三％となった。海軍の九二名のうち、最も多い三三名の人々がニューヨーク市およびその近郊で入隊していた。地域別にみると、次に多い入隊地はフィラデルフィアの九名であるので、ニューヨークの多さが目立っている。

戦争中、陸軍では兵士の二〇％近くが戦闘で死傷者となる悲惨な状況であった。対照的に、海軍での死傷者は五％未満であったという[36]。リストの一四五名のうち、戦闘中に亡くなった中国人は、最大の激戦地ゲティスバーグの戦いにおける二人で、もちろん陸軍従軍者である。他方、海軍従軍の中国人戦死者はみられず、海軍病院に入院した人が散見されて、手厚い看護を受けている印象がある。

中国人の七割近くが入隊した海軍をより詳しくみると、二人以上での同時の入隊が目立っている。例を挙げるとニューヨークからの入隊で、一八六二年三月にハーヴェストムーン号に三名とワンダンク号に四名といった具合である。こうした事例を合計すると、九三名中最低でも二六名が二人以上揃っての入隊であった。つまり、ニューヨーク、フィラデルフィアといった場所でもともと知り合いであった中国人同士が、情報を共有して入隊を決意したのではないかと思われるのである。

他の事例が一八六一年一一月と一二月に入隊した「広東」出身の四名と「マカオ」出身の一名である。彼らの職業は「なし」であった。年齢が三〇歳の「ジョン・アシン」以外の年齢は一七歳から二〇歳代前半と若く、肌の色欄はすべて「チャイニーズ」と書かれていた。いずれも「新米水夫（ランズマン）」として採用されるなど、情報が酷似しており、おそらく彼らは職がない苦境のなかで、ニューヨーク市で連れ立って入隊したものとみられる。

マッカンによれば、中国人兵士の従軍の動機は新しい祖国のためだった。もちろんそうした動機もあった。しかし、経済的苦境もまた確かにあったと思われる。同郷出身の中国人は複数で入隊したのだが、日本生まれのサイモン・ダンやジョン・ウィリアムズの場合、同じような状況にたった一人で置かれて入隊を選ばざるを得なかったのではないだろうか。

加えて、海軍での職務としては「新米水夫」が圧倒的に多く五六名に上った。次が「水夫（シーマン）」の一一名で、「上官のコック」が六名、「コック」が五名であった。

そのうちもともとの職業が船や海軍に関係があったのは、「船員（マリナー）」の八名、「水兵（セイラー）」の七名、「水夫」が三名であった。元船員の八名は全員が海軍に従軍していた。一方で元「水兵」の七名が陸軍に従軍していた。不思議に思い詳しくみたところ、少なくとも三名は一八六四年以降に、ニューヨーク第一三三歩兵連隊に代替兵として入隊していた。兵士不足を埋めるための徴兵対象者の代替兵へ報奨金が高まったことが、この選択の背景にあるのではないだろうか。

もともと船員であった中国人の海軍での職務内訳をみると「新米水夫」が四名、「水夫」が三名、「上官の給仕」が一名であった。水夫になるためには最低五年間を必要としたというが、戦争中に新米水夫と水夫とをどのような基準で決めていたのかは不明である。もともと海軍での経験があっても新米水夫として採用されていたり、また逆に全く経験がなくても水夫として採用されていたりするのである。[37] いずれにせよ「新米水夫」としての採用は、それまでの船員としての経験が考慮されていないようにみえる。

従軍のタイミングと代替兵の割合

加えてリストにある一四五名の従軍のタイミングと代替兵の数についてみていこう。入隊年月の記載があったのは一一一名で、入隊年月が分かる場合、一八六三年三月の徴兵法成立後の入隊が半数を超え、六五名（五八・六％）であった。徴兵法成立前は三九名（三五・一％）であった。この背景には戦争が長引くなかで、各州が割り当て枠を必死に充当しようとしたことがある。そのうち、入隊場所がニューヨーク市とブルックリン市の四〇名でみると、徴兵法成立後の入隊が三〇名を占めた。これはニューヨーク市と近郊における徴兵法成立後の状況、例えば報奨金の存在や、勧誘のための様々な努力、ブローカーの存在が影響を与えたとみられる。一方で、中国人側からみれば、徴兵法成立後の入隊者が六割を超えることは、報奨金をあてにせざるを得なかった経済的苦境が示唆される。

出身地がどこであれ、この徴兵登録記録には代替兵であるかの情報は記載されていない場合が多い。リストの一四五名のなかで代替兵であったと記録が残っているのは三名であった。

①ジョン・アースー（AhSoo）二二歳、ニューヨーク第一三三歩兵連隊、一八六四年二月シダー・クリークにて代替兵として入隊。職業　水兵。[38]

②ジョン・アーウー（AhWoo）二四歳、ニューヨーク第一三三歩兵連隊、一八六四年一〇月ジャマイカ（ニューヨーク）にて、ニューヨーク州クイーンズ郡オイスターベイのアイザック・スイスター（Suyster）の代替兵として入隊。職業　水兵。[39]

③ジョン・バブソン（BubSon）二八歳、ニューヨーク第一三三歩兵連隊、ジャマイカ（ニューヨーク）にて代替兵として入隊。職業　水兵。[40]

このように、ニューヨーク第一三三歩兵連隊に代替兵として入隊した三名はいずれももとの職業が水兵であった。一四五名のうち、代替兵を頼んだ人物名が記載されているのは二名のみであった。多くは記録が残されていないなかで、二人しかいない日本生まれのジョン・ウィリアムズの場合、偶然とはいえ代替兵を依頼した人物が分かっており、ウィリアムズの人物像を探る手がかりの一つとなる。

名前の記載

日本生まれの一人の名前「ジョン・ウィリアムズ」はアメリカにおいて非常に一般的である。ニューヨーク州の南北戦争兵員簿を「ジョン・ウィリアムズ」で検索すると、国内外の生まれを問わず、実に四一六名分もの記録が浮上する。「有色人種」部隊にも、ポルトガルや西インド諸島出身の職業「水夫」の「ジョン・ウィリアムズ」が配属されていた。[41] また一八六四年五月一二日のブルックリンの新聞記事によれば、徴兵候補二九三四人中の「当選」者、六二人のなかにも、ジョン・ウィリアムズが含まれていた。しかし、このウィリアムズは日本生まれではなく同姓同名の人物である。[42]

対照的に「サイモン・ダン」と同姓同名者は兵員簿のなかでわずかに一〇名であった。ただしダンという姓だけでみると、全米で四九〇六名いて、そのうち五五一名がニューヨークで入隊していた。[43]

それでは実名を無視して、「ジョン・ウィリアムズ」のような一般的な姓名を白人の記入者側が日本人につけることは、中国人に対してもみられたのだろうか。答えはイエスである。筆者によるリストの一四五名のうち、「ジョン・スミス」など欧米風の姓名が七二名で、半数近くを占めた。次に「ジョン・アー・ヘン」など、欧米名と中国姓の混合が四九名（三三・八%）であった。そのうちジョンとの名前が四〇名で八一・六%と非常に多くを占めていた。ジョンの次はウィリアムで二名、さらにヘンリーやエドワード等が一名ずつで、本名ではない欧米風の名前の代表格がジョンであったことが分かる。

他方「アー・ポン・チョン（Ah Pon Chon）」など、姓名ともに中国名をローマ字表記したものは少なく、二〇名（一三・八％）であった。少数ではあったが中国名をフルネームで記載していた事例もあるので、欧米風の姓名を勝手につけた記録は、ずさんとしかいいようがない。

このように白人の記入者側が本名を無視して名前を付ける慣行は、歴史を振り返れば「有色」のマイノリティに対して長らく行われていた。これは白人の回答者に対してはみられなかった。本名を無視する姿勢は、奴隷身分ではない自由黒人、先住民に始まって、その後中国人、カナカなどのマイノリティに対してだけ継続してみられた。[44] そのような行為が、南北戦争時の中国人兵士に対しても行われたのである。

ただし、一八五〇年や六〇年のセンサスにみられた「ジョン・チャイナマン」はリストには皆無で、「チャイナマン」との姓がつけられたのも一人しかいなかった。戦争に従軍する中国人に対して最低限の尊敬がみられ、本名がどこにも含まれない蔑称だけの記載はされなかったといえる。また、入隊者が九二名いた海軍では一八名に対して本名を正確に記録に残していた。姓名ともに中国名が記載された陸軍入隊者は四五名中二名しかいなかったので、海軍の記録がより正確であった。おそらくは、黒人兵やマイノリティ（移民）をより積極的に採用していたことや、人種分離された部隊を持たなかったことが、この背景にあるのではないかと思われる。

脱走したのは少なくとも五名

ところで脱走は不名誉な行為とみなされ、極刑に処される可能性があった。過酷な軍隊生活、貧しい食事、不十分な衣服、ホームシックなどが、脱走の主な理由であった。脱走兵への処遇は一律ではなく、リンカン大統領は脱走兵の処刑に困惑し、一八歳未満の兵士の処刑許可を拒否したほか、有罪判決を受けた兵士の多くを赦免した。

二〇万人を超えたといわれる北軍の脱走兵のほぼ半分をニューヨーク州、ペンシルヴァニア州、オハイオ州の出身者が占めた。これらの州が多くの兵士を送り、戦死者も多かったことも忘れてはならないが、ニューヨーク市は、報奨金目あての脱走兵の本拠地でもあった。

こうした脱走者は、後述のネオク・ウンホンのような、新たな祖国アメリカに忠誠を誓った名誉ある人々の歴史というナラティブからはこぼれてしまう。したがってNPSによる***Asians and Pacific Islanders and the Civil War***では脱走者への記述は皆無である。しかし実態としては、日本生まれのサイモン・ダンもそうしたように、脱走した中国人が少なくとも五名見つかった。

中国生まれの約半数（四八名）がニューヨークから入隊したが、このうち脱走者は二名のみであった。一人がウィリアム・マックローで、一八六二年に二一歳、ニューヨーク第一一九歩兵連隊Ｉ中隊入隊、期間は三年。職業はコック。彼は一八六四年五月二八日、ジョージア州のキャンプから脱走した。もう一人が、ジェイムズ・ジョンソン、一八六四年二月一日、ニューヨーク第一八騎兵連隊M中隊入隊。ジョンソンも一八六四年七月二二日、ルイジアナ州ティボドーで脱走した。肌の色は「黄色」。一八三三年生まれ、入隊前の職業は「水兵」であった[45]。

ニューオーリーンズでの入隊者からは、一八六二年九月に登録した広東生まれの三名が脱走した。そもそもルイジアナ州は、合衆国から離脱した南部連合の一部で、ニューオーリーンズは南部最大の都市であった。そのようなニューオーリーンズから北軍に入隊者があったことが不思議に思われるかもしれない。しかし、戦略的な重要性から同地を北軍の指揮下に入れることが計画され、北軍はこれに成功した。また、一八六〇年のセンサスによれば、南部のルイジアナ州にはニューヨーク州の半数以下ではあったが、三三名の中国人が居住していた。これが、ニューオーリーンズから北軍に従軍した中国人が出た背景である。

アコー・ペドロ、ジョン・フランシス、ジョン・ハッセーの三名は、ルイジアナ第二歩兵連隊に召集された。最初に脱走したのはフランシスで、一八六二年一二月一七日に（おそらくルイジアナの）カールトンキャンプから脱走。次がペドロで、（ニューオーリーンズ）アルジアーズで一八六三年四月一四日に脱走。そしてハッセーは一八六四年七月四日無断欠勤し、一八六四年一〇月一日に脱走したのだった。このように三名はそれぞれ別のタイミングで別の場所から脱走した。ニューオーリーンズの三名は、当初からどこかの時点で脱走しようと仲間の間で決めていたのだろうか。報奨金目あての脱走だったようには思われないものの、詳細は不明である。いずれにせよ、ルイジアナ州での脱走が四名、残りも南部での脱走である点が特徴といえる。

南軍に従軍したのは三名

しかしこれとは別に、中国人および中国生まれのなかで、南軍に従軍した人物が少なくとも三名いたことが分かった。そのなかで、シャム双生児として有名な兄弟の一人、チャン・バンカーの息子であるクリストファー・レン・バンカーをみてみよう。父と叔父は現在のタイ生まれの中国系で一八二九年にアメリカに来た。兄弟は興行で成功し、ノースカロライナ州に定住して白人のバンカー姉妹と結婚し、合わせて二一名の子供が生まれた。子供たちはアメリカ生まれの「混血」であった。チャン・バンカーはプランテーションに三〇名以上の黒人奴隷を有するようになった。異人種結婚をし、南部社会の奴隷を持つ階層に位置したバンカーにとって、南軍に息子クリストファーが従軍することは必然であったのだろう。そのクリストファーは、一八六四年八月、ウェストヴァージニア州ムーアフィールドで捕虜となり、オハイオ州チェイス収容所に収容され、その後ヴァージニア州シティポイントにて投獄されたことが分かっている。

興行で有名となったバンカーのアメリカ生まれの息子を除くと、南部に従軍した人物がいたことは、その絶対数が少なかったためか、他の史料が残されていないためか、深く追究されていない。ただ、NPSが異人種結婚のアメリカ生まれの子供を排除せず、つまりは出身国や生まれた場所で境界を限定せずに、「中国系」兵士として取り扱っていることは注目に値する。このような扱いは日本生まれの二人にとっても意味がある。一八四〇年頃の生まれであったサイモン・ダンとジョン・ウィリアムズは、長崎・出島に出入りしていたオランダ商人との間に生まれた人物の可能性も完全には排除出来ないからである。

5　中国人兵士の表象

ゲティスバーグで戦死したジョン・トムニー

ところで中国人兵士は新聞紙上でどのように語られたのだろうか。ジョン・トムニーをはじめとする中国人兵士に関する新聞記事を検証しながら、中国人兵士の表象を次にみてみよう。

北軍兵士の総数は二六七万人ほどで、圧倒的少数派の中国人兵士が北軍連隊のなかで好奇の目でみられたことは想像に難くない。そうした中国人の一人がジョン・トムニーで、一八六一年六月二一日にニューヨーク第七〇歩兵連隊のD中隊に入隊した。ゲティスバーグの戦いで戦死したトムニーには好奇の目だけではなく、賞賛の声が散見された。

トムニーについて最も詳しく扱ったのは『ニューヨーク・タイムズ』の記事である。[46]このなかで中国人の人種の位置付けの曖昧さの一端を示すエピソードが、中国人兵士と南軍将校とのやり取りとして残っている。

トムニーは捕虜になり、すぐに反逆軍〔南軍〕の野営地で名物になった。彼は〔ジョン・B・〕マグルーダ将軍の前に連れて行かれ、彼の外見と肌の色に驚いて将軍が『〔君は〕ムラトーなのか、インディアンなのか、それとも何なのか』と尋ねた。トムニーが彼に中国出身だと言ったとき、マグルーダは非常に面白がって、南軍に加わるのにいくらかかるかと聞いた。トムニーの『私を准将にしない限り無理です』との回答は、将校たちを大いに喜ばせた。〔南軍は〕彼をとても親切に扱い、フレデリックスバーグに送った。[47]

南軍の将軍による「ムラトーなのか、インディアンなのか、それとも何なのか」〔強調は筆者による〕との質問は、中国人の曖昧な人種の位置付けを浮かび上がらせる。このあと記事では、南北戦争勃発後まもなくアメリカにやってきたトムニーを、入隊当時英語が全くできなかったものの、生来のウイットと親切さと勇敢さを持ち合わせた人物として、激賞している。

一方で、南部連合の首都リッチモンドの新聞は、当然ながら皮肉とともにトムニーについて報じていた。「この人物はチャイナマンである。したがって、合衆国は、南部の独立した人々を征服するために、世界中のすべての国のくずを雇っているように見える」[48]と。

トムニーは、ヴァージニア州ウィリアムズバーグの戦いで捕虜になった指揮官のベンジャミン・プライス大尉とともに、しばらくリビー刑務所に投獄された。その後、仮釈放されて、ニューヨーク市に戻った。その間のトムニーの行動も、負傷した仲間の兵士たちのために看護師役を務めたとして賞賛されていた。[49]そして連隊に戻り、一八六三年二月、伍長に昇進した。彼はフレデリックスバーグ、チャンセラーズヴィルで戦った後、最後にゲティスバーグでの戦闘で戦死した。

ジョン・トムニーは恐怖が何であるかを知らないかのようだった。仲間の兵士から本当に好かれていた。彼はゲティスバーグまで負傷して来なかったが、金曜日の戦いで砲弾に打たれ……彼は間もなく出血多量で亡くなった。[50]

ゲティスバーグの戦いでは、トムニーの第七一連隊の兵士二八名のうち二〇名が死亡または負傷したという。連隊の元牧師は、南北戦争後にゲティスバーグで行われた演説で「私たちの連隊の一人は中国人で、真の兵士であり、勇敢な男でした。彼が、戦いの終わりに死者として数えられたことは、記録され長く記憶されるべきです」と述べた。[51]伍長への昇進や、新聞記事にあった「仲間の兵士から本当に好かれていた」との記述、そして元牧師のトムニーへの賞賛から、彼は好奇心や人種偏見を超えて明らかに兵士としての尊敬を得ていた。

ネオク・ウンホンの従軍の大義

次にみるのが、ペンシルヴァニア第五〇歩兵連隊I中隊に従軍した、ネオク・ウンホン（Neok Ung Hong）である。彼の半生は、本書の環太平洋の移動の観点から大変興味深いものである。ウンホンは一八三四年生まれで、一八五四年、ペリー艦隊が上海に寄港した際、フリゲート艦サスケハナ号に船医の使用人として乗船した。第3章で詳述するジョセフ・ヒコ、亀蔵と次作は、一八五二年の時点で、友人・通訳だったトーマスとともにすでにサスケハナ号を離れていたので、ウンホンとの直接の接点はなかった。ヒコらは「ペリー提督の艦隊を待つのが嫌に」なり、早く出発していたからである。[52] 英米の海軍軍艦での移動は、第3章で扱うように日本人漂流者にもみられ、ウンホンの移動の形は例外的ではなく、中国人の間でも相当数あったのだと思われる。

ウンホンはペンシルヴァニア州のランカスターに一八五五年から九年間住み、『デイリー・インクワイアラー』紙の印刷工見習いとして、そして職工として働き、一八六〇年九月二二日にはアメリカ帰化市民となった。南北戦争が勃発した際、ウンホンの志願に対して友人たちは「中国に家族がいて、アメリカには財産も家族もなく、〔それらを〕守ることが〔彼の〕志願の理由にはならない」と言い反対したという。「自分の家族」を守ることは従軍する際の大義の筆頭であった。しかしそれはウンホンには当てはまらないと、周囲はみていたのだ。しかし、ウンホンが考える大義とは「北部が奴隷制に反対するのは正しいと感じていた」からだった。

トムニーに関する『ニューヨーク・タイムズ』の記事は「トムニーの事例は特別である、というのも、彼は地上で最も立派な陸軍にいた中華帝国の唯一の代表であったからだ」[53]という文で締めくくられていた。『ランカスター・インクワイアラー』紙は、トムニーがゲティスバーグの戦いで亡くなった際、「中国人兵士は一人」と紹介されていたこの間違いを指摘し、ウンホンの存在に光を当てた。「ペンシルヴァニア民兵隊には……ウンホンという別の中国人がいることを『ニューヨーク・ワールド』、そして世界全体に周知するよう請う」と記事は訴えた。トムニーのエピソードに注目した記事には事実誤認があったのは確かだった。ウンホンはと言えば、わずか一ヶ月間で除隊となった。その後、南北戦争さなかの一八六四年に中国に帰国した。その理由は現在のところ分からない。帰国後は聖公会の司祭となったほか、病院の設立や運営など医療活動にも尽力した。[54]この他、中国人兵士は兵士全体からすれば少数であったためであろうか、中国人兵士個人に目を配ったニューヨークの新聞記事は管見の限りなかった。

集団としての中国人兵士

一方、中国人兵士が黒人兵士とともに否定的に論じられることもあった。例えば一八六四年八月のオハイオ州の新聞『デイリー・オハイオ・ステイツマン』紙には、黒人や中国人兵士はどんなにうまく訓練して引っ張ったとしてもヨーロッパ移民兵士よりも劣ると書かれていた。

この記事がニューヨーク等の新聞の再掲記事ではなく、オハイオ州のものである点が興味深い。

というのは、直前の一八六〇年センサスでオハイオ州の中国人人口はゼロであったからである。同州の三万六六七三名の「カラード」のうち、「黒人」がおおよそ五五％、「ムラトー」が四五％を占めていた[55]。つまりオハイオ州は、中国人が「有色」人種の代表になりえない土地柄であった。記事は明らかに人口動態や経験に基づいていなかった。

しかも記事のタイトルは「ニグロ兵士」であり、黒人兵士への批判は、奴隷解放による社会変容への不安の裏返しとも読める。「人種にこそ何か〔問題〕が確かにある」のだと、記事はいう。そして移民のなかで、徴兵割り当てを満たすために必要なヨーロッパ出身兵士の優秀さを中国人との対比で際立たせている。そのうえで「アメリカ人兵士は世界中でもっとも優秀である」として、白人性を前提とした「アメリカ人」を賞賛する。このように移民よりもアメリカ生まれを高く位置付け、その集団間の優劣を強調することで、いまだ決着がつかない戦争に従軍する「白人」「アメリカ人」の気持ちをなだめ、かつ鼓舞する意図が見える[56]。つまり、個々の中国人や中国人兵士との接点がないオハイオ州のこの記事では、「白人性」と「アメリカ人性」の二つの点における他者の表象として、中国人は引き合いに出されたのであった。

6　マイノリティとしての立場

中国人退役軍人の死亡記事

戦争終結からしばらくたった一八八八年、「中国人退役軍人の死」との記事が『ニューヨーク・タイムズ』紙に掲載された。次がその中身である。

上海出身で、反逆戦争〔南北戦争〕の退役軍人であるアー・ポンは、昨日の午後二時にウォーターストリート三八三番地にある彼の汚い家から墓地に埋葬されました。アー・ポンは一八三三年にこの国にやって来ました。当時はまだ若者で、勤勉さと倹約によって、自分で事業を始めるのに十分なお金を貯めました。彼はどちらかというとアメリカの慣習に従い、チャイナタウンを離れ、ブルックリンの目抜き通りにキャンディストアを開きました。反逆が始まって間もなく、彼はマスケット銃を背負い、ニューヨーク志願兵の連隊に加わり、三年間従軍しました。その後、ポンはギャンブルに夢中になり、貯めてきた財産をすべて失いました。遺体はエヴァーグリーン墓地の中国人区画に埋葬されました。妻であるアイルランド人女性にアー・ポンが語った最後の言葉は、中国人は『だめな奴ら』なので放っておけというものでした。彼は持っていたお金を中国人同胞とのギャンブルで失ったため、彼らに対して厳しい意見を持っていたのです。しかし、ポンに対する兄弟のような気持ちから、同胞らはポンの葬式の費用を出し合いました。[57]

ここから分かるように、アー・ポンはアメリカに「同化」した中国人として描かれている。チャイナタウンから離れて、アメリカ人向けのキャンディストアを開いてそれなりの成功を収めていた。しかしその成功も中国人とのギャンブルですべて失ってしまったとあり、中国人との関係はギャンブルを通じて続いていたことが分かる。中国人への恨みはポンの最期の言葉になって表れているが、それでも葬式代を出したのもその同胞たちであった。アー・ポンからしてみれば、「中国人は放っておけ」と言い残したのは、最期を看取った妻がまた別の中国人と結婚しないように、との意味をこめたのかも知れない。加えて記事中に紹介されているように、ブルックリンのエヴァーグリーン墓地には「中国人区画」があったことが注目される。この区画は「セレスティアル・ヒル」と呼ばれた。セレスティアルとは清朝を指し中国人と同義だが「天上の」との意味もある。エヴァーグリーン墓地にはほかにも船員用の区画などがあったが、「中国人区画」の存在の背景には、墓地における人種差別的慣行があった。戦争従軍経験の有無にかかわらず、黒人をはじめマイノリティに対しては、亡くなってからも人種分離が行われていたのである。

軍人恩給の行方

軍人恩給の行方にもマイノリティの弱い立場が如実に表れた。そもそも北軍兵士への年金制度は一八六二年に開始された。従軍の結果、障がいを負った兵士には、年金を受ける資格があった。従軍中に死亡した兵士の遺族（未亡人や子供）も有資格であった。ただし、生まれた日を証明するための、公的ないし教会の記録、聖書、その他家族の記録の提出が求められた。申請が通れば、「完全に障がいのある」人は、当初、月に八ドルを受給することとなった。

一八九〇年の扶養年金法によって年金制度に大きな変更がもたらされた。一八九〇年法は、戦争に直接起因しなくても、身体に障がいがあり、肉体労働を行うことができない退役軍人に対して資格を拡大した。九〇日間任務につき、名誉除隊したことが条件であった。その結果、年金を受け取る退役軍人の数が大幅に増加した。アジア・太平洋系移民についても、この一八九〇年法の影響は明らかで、筆者が作成したリストのなかで恩給を受け取ったのは、一八九〇年以降のものばかりである。ただし、一八九三年には受給者をアメリカ市民に限定した。

南北戦争の年金制度は、白人であることを前提条件としていたわけではない。ただし軍人年金の支給はマイノリティの場合厳しいものであった。障がい申請に必要となる病院からの書類を提出できないことが多かった。また、彼らの多くは申請を完了するために必要な費用を持ち合わせていなかった。加藤（磯野）順子によれば、黒人兵の遺族年金に関しては、奴隷には家族が存在しないとされたため、奴隷の夫婦をどうやって定義するのか、から始まり、それまで遠い存在であった政府が私的な領域に介入して申告内容の真偽を確認したという。[58]

陸軍に従軍した中国人の多くが戦闘任務についたが、軍人恩給をもらえた人は少なかった。まず、恩給をもらうために必要な生年月日等の証明書の不在が横たわっていた。ペンシルヴァニア第八一歩兵連隊D中隊に従軍したトーマス・シルヴァナスがそうした典型例で、彼は恩給を得るために長く戦った。しかしシルヴァナスが年金を与えられたのは亡くなる八年前のことで、増額が決まったのは亡くなるほんの数日前のことであったという。

ただし、南北戦争の退役軍人団体「偉大なる共和国軍（Grand Army of the Republic）」は、黒人にも白人の退役軍人と同じように年金を支給するようキャンペーンを積極的に行っていて、シルヴァナスの戦いにも手を差し伸べた。「偉大なる共和国軍」のメンバーとなることのできた中国人はシルヴァナスのほかにも、コネチカット州、ニューヨーク州、ネブラスカ州にあわせて数名いたという。そのうちの一人が次節でみる、ジョン・ハン（Hang）であった。

こうした支援団体や英語を理解する妻が不在の場合、アジア・太平洋系移民の恩給申請に際しては、書類をそろえるために様々な壁があった。その都度勝手に名前が付けられることが常であったことへの無理解も横たわった。そして申請の命運は、白人官僚の手に委ねられていた。

一方、白人への恩給の支払いは、南北にかかわらず手厚かった。『ワシントン・ポスト』紙によれば、二〇二〇年六月四日、南北戦争最後の恩給受給者であった白人女性が、ノースカロライナ州にて九〇歳で亡くなった。女性は南軍に従軍した父親が八四歳の時の子どもで、毎月七三・一三ドルを受け取っていたという。[59] 白人の子どもへの支払いは、南北戦争が終了してから一五〇年以上経った、つい最近の二〇二〇年まで続いていたのである。

帰化権をめぐる闘い

一八六二年七月一七日、名誉除隊となった外国人兵士に帰化権を与える法律が連邦議会を通過した。この法律に基づき、市民権を得た（ないしは申請をした）中国、フィリピン、タイの出身者がいて、一八四一年に広東で生まれたジョン・ハンはその一人だった。父親によってアメリカ商船船長に託され、アメリカに着いた時に彼は一六歳であった。南北戦争中、ハンは海軍に入隊。戦後、白人女性と結婚・死別、また別の白人女性と結婚・死別した。一八九二年には帰化市民権を得た。

ところが南北戦争終結から四〇年近くたった一九〇四年、選挙に赴いた際、帰化市民ではないのに一票を投じたとの理由で、別の二人の中国人とともに逮捕された。[60] それから四年後の一九〇八年、共和党員として再び選挙登録に赴いたところ、ニューヨークの連邦検察局は彼の市民権を取り消した。[61] この判断の根拠は、一八八二年に成立した中国人排斥法であった。中国人排斥法は労働者の移民を一〇年間禁止した（一九〇二年には恒久化）だけではなく、中国人の帰化を不可能にしていたからである。

一九一一年、帰化市民権取り消しを不服として、ハンはウィリアム・タフト大統領とフィランダー・ノックス国務長官に嘆願書を送り、権利を取り戻す闘いを開始した。ハンは孤立無援ではなかった。ハンの行動は注目を浴びて、いくつかの新聞で取り上げられた。どの記事でもハンの同化ぶりが言及されていて、彼が「オリエンタルとは一見して分からないだろう。辮髪のない短くそろえた白髪、ヨーロッパ風の洋服……そして彼は素晴らしい英語を話すのだ」と、英語力だけでなく見た目を強調する記事まであった。[62]

またハンは「私は戦争で戦うことなど好まない。……私には戦う責務などなかった。しかし私はこの国の市民となりたかったのだ」と語った。従軍の動機が帰化権の取得であったとの語りは、帰化権をめぐる闘いのさなかのレトリックだったのかも知れない。しかし「自分の命をささげた政府が、どう運営されるのかについて何か言う権利を私も持つべきだと信じている」と語った後、彼はこうも述べた。「私は戦ったのです——その私は、命を自分の意志で差し出した国に属してはいないのでしょうか？」外国人には戦う責任がなかったのにもかかわらず、「命を自分の意志で差し出した」との言葉にはアメリカへのハンの

写真1-2　中国人兵士ジョン・ハン
出典：『サラトギアン』1911年2月13日

強い思いが表明されており、多くの読者の心に響くものだったと思われる。[63]
一九一一年二月一三日付の新聞記事によると、ハンのもとに司法の専門家であるジェームズ・コリガンから嬉しい知らせが届いた。コリガンによれば、ハンの帰化権が有効であるか否かについては、共和党の急進派が描いたすべての人種に市民権の境界を開くとのビジョンを記した一八六六年の市民権法が根拠になるとの見解が示された。コリガンの手紙には「リンカンの誕生日の日に」と日付が書かれていて、共和党の大統領候補に一票を投じ続けたハンとの共通の思いがみてとれる。こうした手紙がハンのもとに届いたが、実際のところ、彼は帰化権を取り戻すことはできなかった。[64]
さらに一九一七年には、ジョン・ハンに恩給資格があったのかどうかの調査と聴聞が行われた。その際の調査官は公平であり、海軍に従軍し、そこで障がいを負ったとの事実までは無効とされなかった。ただ、その際に出された質問の一つが「なぜ頻繁に名前を変えたのか」であった。こうした問いの背後にはハンの偽証への疑いがあった。これに対してハンは「アメリカでジョンと呼ばれたために〔本名の〕トン・キー・ハンを捨てた」と説明した。さらに、乗る船によって異なる名前で働いていた、つまり「いろんなあだ名」で呼ばれ続けたからだと語った。[65] このようなハンの語りによって、中国人が、もっとも一般的な名前である「ジョン」のほか「いろんなあだ名」を、場所ごとにつけられたことが分かる。このことは日本生まれの二人、特にジョン・ウィリアムズにも当てはまる。

ハンが孤立無援ではなかったことは、「偉大なる共和国軍」への入会と、ニューヨーク州バースにある、障がい者となった志願兵のためのホーム（National Homes for Disabled Volunteer Soldiers）への入居からもうかがえる。[66] このホームは南北戦争後三つの施設から始まり、のちに全米各地に建てられた。一九二〇年のセンサスでは、施設に住む一〇〇〇名を超える退役軍人のなかに、ハンの記録が残っていた。ここではドイツやアイルランド出身者は散見されたが、中国出身者は彼一人であった。そこでは「帰化をしたか、外国人か」の質問に「帰化」と書かれていて、帰化権を取得していたハンの過去がさりげなく反映されている。[67] ハンはその後一九二三年一二月三日に、ニューヨークのスタテン島にある二人目の妻の墓参り中に心臓発作を起こし、スタテン島の病院で亡くなった。享年八六であった。

中国人への帰化を認めるなど何かの間違いに他ならない、とのハンの帰化市民権取り消しの判断の背景には、南北戦争とその大義、そして戦争によってもたらされた成果に対する記憶の薄れもあった。戦争後に開かれた黒人男性の参政権も南部各州が実質的に無効としていた。また二〇世紀初頭までにアジア系排斥の動きはカリフォルニアだけではなく、東海岸へも広がっていた。ハンは戦争に従軍し、アメリカ化し、白人の妻と結婚した。コミュニティでも認められ、彼の帰化権を取り戻す闘いには支援者もいた。リンカンの党である共和党の大統領候補に一票を投じ続けるために、ハンは闘いのキャンペーンを張ったが、彼が命をささげた代価として得た帰化市民権を取り戻すことはできなかった。白人の移民兵士とは異なり、戦争中の帰化権取得への優遇措置が、後年の別の法律――中国人排斥法――にとってかわることで、選挙時には監視の対象となり帰化権が取り上げられた。ハンが帰化権をめぐる闘いに敗れたことは、アジア・太平洋系移民のマイノリティとしての脆弱な立場を象徴的に示す出来事であった。

南北戦争におけるマイノリティ――まとめ

以上、本章では南北戦争におけるマイノリティがおかれた状況をみてきた。アジア・太平洋系移民には、イギリスや他のヨーロッパからの移民に対してみられたような、強制徴兵への出身国の公館による異議申し立てや介入はなかった。アジア・太平洋系移民は単にカリフォルニア州以外では数的にマイノリティであっただけではなく、いざ戦争となった際に本国の後ろ盾や移民同士の援助組織がない立場の弱い新参者であったのである。

カリフォルニア州に集住した中国人移民の入隊が非常に限られていたのは、そもそも西部諸州への兵士充当への要求が少なかったことが背景にあった。移民数が少なかったニューヨークやニューオーリーンズといった土地からの中国人入隊者の職業「なし」の記載からは、彼らの経済的な苦境が示唆される。むろんそれは中国人移民に限ったことではなく、家族の生活が入隊する父親や息子にかかっていたアイルランド等の移民兵士と共通するものであった。

そしていかなる理由であれ、実際の入隊の現場では、名前の省略や欧米風の表記が中国人、そして日本人に対しても共通してみられた。このことは白人兵に対してはみられず、本来の姓名が勝手に変更されてしまう、マイノリティとしての立場を際立たせるものである。

中国人のなかには複数名が連れ立って入隊していた事例が散見された。全く別々のタイミングで入隊した日本生まれの二人は、まさに、同胞も新しい家族もいない孤独のなかで入隊したと考えられる。次章から、この二人それぞれの戦争中の軌跡について迫っていく。

1　ニナ・シルバー（兼子歩訳）『南北戦争のなかの女と男――愛国心と記憶のジェンダー史』岩波書店、二〇一六年、三二―四八頁。

2　Office of Immigration Statistics, *2018 Yearbook of Immigration Statistics*. Washington, D.C.: U.S. Department of Homeland Security, 2019, 6.

3　Census Office, *Statistics of the United States, (including mortality, property, &c.,) in 1860; Compiled from the Original Returns and being the Final Exhibit of the Eighth Census*, Washington, D.C.: GPO, 1866, Introduction, xxviii.

4　Ibid., xxxii.

5　Hidetaka Hirota, *Expelling the Poor: Atlantic Seaboard States and the Nineteenth-Century Origins of American Immigration Policy*, New York: Oxford University Press, 2017.

6　1860 Census, liii-liv.

7　Ibid., xxvii.

8　Ibid., 346.

9　Ibid., xxviii.

10 William L. Burton, *Melting Pot Soldiers: The Union's Ethnic Regiments*, New York: Fordham University Press, 1998. 徳田勝一「アイルランド系移民にとっての南北戦争――回想録から読み解く『アイルランド人旅団』の記憶」『アメリカ太平洋研究』一〇、東京大学大学院総合文化研究科附属アメリカ太平洋地域研究センター、二〇一〇年三月、八一―九五頁。

11 "An Act for enrolling and calling out the national Forces, and for other Purposes," *Congressional Record*, 37th Cong. 3rd. Sess. Ch. 74, 75. March 3, 1863.

12 https://westegg.com/inflation/#, 二〇二〇年一二月二七日最終閲覧。六〇〇〇ドルは、二〇二三年四月時点の為替レートで約八〇万円である。

13 長田豊臣『南北戦争と国家』東京大学出版会、一九九二年、九八―九九頁。

14 Eugene C. Murdock, "New York's Civil War Bounty Brokers," *The Journal of American History*, 53(2), (September 1966), 264. Ernest A. McKay, *The Civil War and New York City*, Syracuse, New York: Syracuse University Press, 1990, 299.

15 岡山裕『アメリカの政党政治――建国から250年の軌跡』中央公論新社、二〇二〇年、八九―九〇頁。

16 Iver Bernstein, *New York City Draft Riots: Their Significance for American Society and Politics in the Age of the Civil War*, New York: Oxford University Press, 1990, 10.

17 Ibid., 9-10. 貴堂嘉之『南北戦争の時代　19世紀』岩波書店、二〇一九年、九八頁。

18 Leslie M. Harris, *In the Shadow of Slavery: African Americans in New York City, 1626-1863*, Chicago: University of Chicago Press, 2003.

19 Michael T. Meier, "Civil War Draft Records: Exemptions and Enrollments," *Prologue Magazine*, 26(4) (Winter 1994), Genealogy Notes, https://www.archives.gov/publications/prologue/1994/winter/civil-war-draft-records.html, 二〇二〇年二月一六日最終閲覧。

20 Murdock, "New York's Civil War Bounty Brokers," 264.

21　Michael Douma, Anders Bo Rasmussen and Robert Faith, "The Impressment of Foreign-Born Soldiers in the Union Army," *Journal of American Ethnic History*, 38(3), (Spring 2019), 91.
22　海軍は「有色人種」部隊のように人種分離された部隊を持たなかったものの、人種間で平等だったわけではない。また黒人の海軍兵士たちの軍歴が果たして輝かしいと言えるのかどうか留保をつけた論考は以下を参照。Joseph P. Reidy, "Black Men in Navy Blue During the Civil War," *Prologue Magazine*, 33(3), (Fall 2001), https://www.archives.gov/publications/prologue/2001/fall/black-sailors-1.html, 二〇二〇年一一月二六日最終閲覧。Joseph P. Reidy, *Illusions of Emancipation: The Pursuit of Freedom and Equality in the Twilight of Slavery*, Chapel Hill: University of North Carolina Press, 2019.
23　ファウスト、前掲書、六三頁。
24　US Census Bureau, *Measuring America: The Decennial Censuses From 1790 to 2000*, Washington, D.C.: GPO, 6-7.
25　菅（七戸）美弥『アメリカ・センサスと「人種」をめぐる境界——個票にみるマイノリティへの調査実態の歴史』勁草書房、二〇二〇年、一〇八頁。
26　Carol A. Shively ed., *Asians and Pacific Islanders and the Civil War*, Washington, D.C.: The National Park Service (NPS), 2015を基に筆者が作成したリストから。
27　Ibid.
28　Ibid.
29　Ibid.
30　New York State Archives, New York Civil War Muster Roll Abstracts, 1861-1900.
31　菅（七戸）『アメリカ・センサス』二五〇頁。
32　"Colored Troop Enlistments from Connecticut during the Civil War," https://www.ctatatelibrarydata.org/colored-troop-enlistments-from-connecticut-during-the-civil-war/, 二〇二二年九月二六日最終閲覧。

33 Shively ed., *Asians and Pacific Islanders in the Civil War*, 139.
34 Ibid., 138.
35 NPS, *Asians and Pacific Islanders in the Civil War*, March 2015, https://www.nps.gov/civilwar/upload/more-info-on-asians-pacific-islanders-in-the-civil-war-alphabetically-by-name.pdf, 12, 23. 二〇二三年四月一八日最終閲覧。
36 James M. McPherson, *War on the Waters: The Union and Confederate Navies, 1861-1865*, Chapel Hill: University of North Carolina Press, 2012, 8.
37 Glenn F. Williams, "Uncle Sam's Webfeet: The Union Navy in the Civil War," *International Journal of Naval History*, 1(1), (April 2002), 1.
38 New York Adjutant General's muster roll, http://dmna.ny.gov/historic/reghist/civil/rosters/Infantry/133rd_Infantry_CW_Roster.pdf, 1, 二〇二三年八月七日最終閲覧。
39 Ibid.
40 Ibid., 8.
41 John Williams, New York State Archives, New York, Civil War Muster Roll Abstracts, 1861-1900.
42 *Brooklyn Daily Eagle*, May 12, 1864, 3.
43 NPS, The Civil War, Soldiers and Sailors Database, https://www.nps.gov/civilwar/soldiers-and-sailors-database.htm を姓名で検索した結果。二〇二三年八月七日最終閲覧。
44 菅（七戸）『アメリカ・センサス』第一章から第三章。
45 New York, Civil War Muster Roll Abstracts, 1861-1900.
46 *Daily Alta California* の一八六三年八月五日付にも同記事が転載されている。
47 "China at Gettysburg," *New York Times*, July 12, 1863, 2.
48 "Local Matters —— Affairs on the Potomac," *Daily Dispatch*, March 24, 1862, 2.

49 "China at Gettysburg," *New York Times*, July 12, 1863, 2.

50 Ibid. 管見の限りこのほか二〇を超える新聞でトムニーの死亡が報道されていた。

51 New York Monuments Commission, *For the Battlefields of Gettysburg and Chattanooga. Final Report on the Battlefield of Gettysburg*, Vol. II, Albany: J.B. Lyon, Co., Printers, 1900, 577.

52 ジョセフ・ヒコ（中川努・山口修訳）『アメリカ彦蔵自伝』1、平凡社、二〇〇三年（初版は一九六四年）、九七―九八頁。

53 "China at Gettysburg," *New York Times*, July 12, 1863, 2.

54 William Frederic Worner, "A Chinese soldier in the Civil War," *Journal of the Lancaster County Historical Society*, 25(3), 1921, 54.

55 1860 Census, xii.

56 "Negro Soldiers," *Daily Ohio Statesman*, August 6, 1864, n.p.

57 "A Chinese Veteran's Death," *New York Times*, July 4, 1888, 8.

58 加藤（磯野）順子氏から多くの示唆と情報を受けた。記して感謝する。

59 *Washington Post*, June 4, 2020, https://www.washingtonpost.com/history/2020/06/04/she-was-last-american-collect-civil-war-pension-7313-month-she-just-died/, 二〇二一年二月四日最終閲覧。

60 "Prosperous Chinese Arrested for Voting," *New York Times*, August 17, 1904, 7, "Chinamen Were Voters," *New-York Tribune*, August 17, 1904, 2.

61 *Evening World*, February 11, 1911, 7.

62 Ibid. Shively ed., *Asians and Pacific Islanders and the Civil War*, 193. 彼の軌跡をまとめたものとして、Kristin Choo, "Tong Kee Hang: A Chinese American Civil War Veteran Who Was Stripped Of His Citizenship," https://www.gothamcenter.org/blog/tong-kee-hang-a-chinese-american-civil-war-veteran-who-was-stripped-of-his-citizenship, 二〇二二年一〇月七日最終閲覧。

63 "Wants to Vote in Country for which Fought," *Evening World*, February 11, 1911, 7.

64 "Chinese Veteran Made Citizen by the law of 1866," *Evening World*, February 13, 1911, 3.

65 Shively ed., *Asians and Pacific Islanders and the Civil War*, 173.

66 John Hang, Historical Register of National Homes for Disabled Volunteer Soldiers, 1866-1938, Bath, Steuben, New York, 462. New York, U.S., Grand Army of the Republic Records, 1866-1931, 82.

67 Population schedule of the U.S. Census, District 0084, Bath, Steuben, New York, 1920, 10.

第2章

日本生まれの二人に近づく——アメリカでの記録から

日本生まれの二人に近づくために

南北戦争に従軍した日本生まれの二人は、日本のどこから、どのような経路でアメリカに来たのであろうか。渡米は意図的であったのか、それとも悪天候で漂流し救助されたという、不幸中の幸いによるものだったのか。日本人なら、日本名は何だったのだろうか。この問いに少しでも近づくためには、何よりＮＡＲＡに保存されている兵役記録（ＣＭＳＲ）を検証しなければならない。

北軍兵士の兵役記録の編集は、陸軍省の記録年金部門の責任者であるフレッド・Ｃ・エインズワース大尉の指揮の下で一八九〇年に開始された。もともとの文書から作成された抄録は、比較検証され、正確であるべく細心の注意が払われた。ＣＭＳＲには入隊書類、死傷者シート、通信文など、戦争中に作成されたもともとの文書と後日転記されたものの双方が含まれている。それゆえ史料に当たる際には、転記間違い等の可能性を慎重にみる必要がある。

二人の人物が日本人であるとすれば、ジョン・ウィリアムズは本名ではなく、サイモン・ダンは当て字の可能性はあるが基本的には欧米風の名前である。ウィリアムズが代替兵となった人物の名前はウィリアム・Ｅ・ベイリーJr.と判明しているので、ベイリーの周辺からもウィリアムズの足跡に迫っていきたい。さらに本章ではＣＭＳＲに加えて、二人が記録された可能性のあるアメリカ・センサスの調査票、死亡記録、新聞記事等から、日本生まれの二人に近づくこととしたい。

1　サイモン・ダン

サイモン・ダンの兵役記録

まずはサイモン・ダンの兵役記録のうち主な情報を再度確認しよう。

住居　ニューヨーク州、ブルックリン市
一八六三年一二月七日、ブルックリンで陸軍に入隊、ニューヨーク第一五八歩兵連隊E中隊
一八六五年八月二八日除隊（リッチモンド、ヴァージニア州）
日本生まれ、二二歳。職業　労働者
身長　五フィート[1]（一五二センチメートル）

ダンの場合、この後みていくウィリアムズとは異なり、本人記入欄がある宣誓書類はNARAのCMSRには含まれていない。点呼の際の「いる・いない」との記入は、本人を目の前にして記

入されたものである。しかし、他の自筆史料がないため署名が本人のものであるか否かは検証することができない。

ところで入隊兵の管理は各地区の憲兵隊長が行っていた。各地区の憲兵隊長は、連邦州の地区と下部地区への分割、すべての登録と手順の監督、地区に関する決定、さらには、割当案、脱走兵の逮捕に対する責任、州および地方レベルのすべての役人の任命を行っていた[2]（よって、入隊した際の登録にかかわる役人たちこそ、ダンの出身地や身長や職業を調べた人々であった）。

ダンが入隊したニューヨーク第一五八歩兵連隊は、ブルックリンで編成、一八六二年九月一八日、ヴァージニア州ノーフォークへ向けて出発。約一〇〇〇名のうち士官一二名、兵士一八二名が戦闘中に死亡、ないしは致死的な傷を負った。そして士官一名と二〇二名の兵士が病気で亡くなった。ここでも兵士の死因については病死のほうが戦闘中の死亡よりも多かった[3]。

一八六三年一二月七日に入隊したダンの場合、「代替兵」とは記載されていない。名前、入隊した場所と居住地がブルックリン、そして職業が「労働者」と記入されている。前章でみた通り、一八六三年三月に成立した徴兵法では、二〇歳から四五歳の男性で健康な合衆国市民と外国生まれで合衆国市民となる宣誓をしたものが徴兵の対象となった。

一八六三年九月末以降、地元ブルックリンの新聞に徴兵対象者が発表された。一八六三年一一月一六日の『ブルックリン・ユニオン』紙には、ニューヨーク州連邦下院選挙第三区で免除者の名前と免除の理由が別々に掲載された。第三区とはキングス郡ブルックリン市の一、二、三、一

一、一三、一九地区を指していた。ここで掲載されたのは、第一に「障がい」による免除の一〇一〇名分。そのなかでもっとも多いのが体の「奇形」で二〇八名、次いで「肺の病気」が一一九名、「心臓病」が九〇名であった。その他の理由は、障がいや病気よりも多い一五〇二名分が挙げられていた。

　興味深いのは、免除の理由として「三五歳以上」の三四一名、「未亡人の一人息子」の一二九名、「二〇歳未満」の一三三名よりも、「外国人」が五七八名で非常に多かったことである。加えて「非住民」も一〇一名であった。サイモン・ダンは日本生まれであったから、徴兵法の対象「合衆国市民と外国生まれで合衆国市民となる宣誓をしたもの」ではないとして免除申請をしていたならば、このリストに入りえたのである。[4]

　ただし外国人といっても、市民権／選挙権をめぐり様々な状況があった。外国人の徴兵についての見解は国務長官であるウィリアム・スワードが表明していたが、一八六三年七月一九日にジェームズ・フライ憲兵総監が発表した通達がこの点を明文化した。それによると合衆国への帰化申請をしたことが一度もなく、これまでにいかなる州でも選挙権を行使したことがないと証明できることが外国人としての徴兵免除の条件となった。問題は徴兵割り当て数を満たすために外国人への「強制徴兵」をしばしば行っていたことにあった。[5]

　その一方、英帝国臣民への徴兵に対してはイギリス外交官の介入により、少なくとも一九七名のイギリス人が除隊となった。また、ウィスコンシン州に多かったスカンジナビア系移民の場合には、コミュニティの自助組織が他のエスニック集団から代替兵を確保するため大きな役割を果たしたという。こうしたコミュニティないし外交介入の力によって、ニューヨーク州では「外国人」であることでの免除の数が全米で最も多くなった[6]。

アジア・太平洋系移民にとっては事情が異なり、カリフォルニア州を除き数が非常に少ないだけでなく、外交官の介入が望める状態ではなかった。日本はといえば、一八六〇年に遣米使節団を送っただけであって、森有礼が初代公使として赴任したのは一八七〇年のことであった。新聞紙上で免除された外国人としてあがっている名前は、イギリス、アイルランド、ドイツ系のものばかりで、英語が話せず、また同国出身者による情報共有のないサイモン・ダンには免除申請は到底できなかったのであろう[7]。

ブルックリンの新聞にはまた、徴兵対象者のうち出頭しなかったものが七八六名で、そのうち市中で逃げ回っていたり、カナダまで逃げたりした事例が紹介されている。また、従軍が決まった七〇九名のうち、四〇三名が代替兵を獲得し、二七六名が免除金を支払った。このほか、八名が既に従軍しており、二二名が賜暇をもらっていたという。こうした七〇九名の内訳に関する記事内容から、一八六三年の一一月時点で、新たに入隊したのはすべて代替兵ということが読み取れる[8]。これはサイモン・ダンが入隊するわずか二週間前の記事である。

ライカーズ島からの脱走、そして従軍

ダンは一八六三年一二月入隊直後、南北戦争中に訓練地として使われたライカーズ島から脱走した。正確な日付までは分からないが、北軍での脱走が急増した時期（すなわち、フレデリックスバーグで北軍が壊滅的な敗北を喫し、チャンセラーズヴィルの戦いに続いて退却した後の一八六三年の冬から翌年春）であった。脱走名簿にみられるダンの追加情報としては入隊場所がニューヨーク州の第三区であることぐらいである。懲罰の記録はなく、マーク・シリングは「ダンは単に許可を得ずに出頭を怠ったか、逃亡し、戻ってきた時点で上官から大目に見てもらったのかもしれない」という。[9]

いずれにせよ、ダンは脱走後、再び一八六四年三月二四日にノースカロライナ州モアヘッドで第一五八歩兵連隊に合流した。連隊はノースカロライナ州内でフォート・ハリソンの攻撃の後に、ヴァージニア州軍の追撃に参加した。しかしダンはこの時三月から四月の点呼の際「不在」で、その理由が「モアヘッドにて病気」と書かれていた。[10] しかし、病院に入院するほどの症状ではなかったらしく、入院記録はない。

一八六五年四月九日に南軍のロバート・リー将軍が降伏したことにより事実上南北戦争は終結した。ダンの連隊はその日にもクローヴァーヒルで戦っていたが、南部連合の首都があったヴァージニア州リッチモンドに送られ、六月三〇日に解隊した。ただしダンは、ニューヨーク第一〇

〇歩兵連隊に移り、その二ヶ月後一八六五年八月二八日にリッチモンドで除隊する。ニューヨーク第一〇〇歩兵連隊に二ヶ月間籍を置いた意味について、シリングは「三年間の入隊契約期間を満了するための措置」であったのではないかと述べる。シリングはまた、ダンが所属した第一五八歩兵連隊に関連する史料の少なさが目立つと指摘する。

連隊が何をしたかという簡単な記録の他には、連隊の詳しい歴史も不明、日記・回想記も未発見である。……これほどまでに少ない理由としては、この連隊に配属された兵士がダンのように貧しく、外国出身の者たちが多かったことが考えられる。英語も大して出来ず、おそらく定職もなかったため、見知らぬ土地で生き抜いて行くことに精一杯であった。どんな読み書きも難しかったであろう。[11]

ただし、第一五八歩兵連隊にとびぬけて外国人が多かったとはいえず、むしろそれはニューヨークやブルックリン全体に共通していえることだった。またこの連隊にダンという姓が多かったのはこの地でのアイルランド出身者の多さとの相関関係があった。総人口の三七%を外国人が占めたブルックリンであったが、そのうち五四%がアイルランド、二五%がドイツ諸国出身であった。[12]ダンの姓はイングランド、アイルランド、スコットランドにみられた。ゲール語では、肌の色の浅黒い、髪の毛の黒い人へのニックネームとしても使われたという。

また、第一五八歩兵連隊でのサイモン・ダン以外の四人のダンは、いずれも徴兵法の成立より も六ヶ月程前の一八六二年八月二九日から九月四日の間に入隊していた。その年齢、入隊時期等は次のようである。

デニス・ダン　三七歳、一八六二年八月二九日ブルックリンで登録、九月三日兵卒として入隊、H中隊
ジェームズ・ダン　三四歳、一八六二年九月四日ブルックリンで登録・入隊、兵卒、H中隊
ジョン・ダン　一九歳、一八六二年八月三〇日ブルックリンで登録・入隊、兵卒、G中隊
ジョン・W・ダン　二五歳、一八六二年八月二九日登録、一八六二年八月三〇日ブルックリンで大尉として入隊、K中隊

彼らの登録が非常に近いタイミングに行われたことと、同じ姓であることから、これら四人のダンが親族であった可能性はないだろうか。そうだとすれば、彼らと隣人であったり知人であったりしたため、サイモン・ダンも同じ姓が付けられたのではないか。そう考え検証したものの、その可能性は低いことが分かった。ただし作業を通じてそれぞれの人生の断片が見えてきた。例えば、このなかで最も若い一九歳のジョン・ダンは、一八六三年五月六日にノースカロライナ州ニュー・バーンで脱走していた。一方で、ミドルネームの「W」を持つジョン・W・ダンは他と異

なり、大尉として任命されたが、一八六三年一月にはノースカロライナ州ニュー・バーンにおいて除隊していた。[13] さらに、ともにアイルランド出身で三〇歳代のデニス・ダンとジェームズ・ダンはそれぞれ家庭を持ち、妻や子供がいた。戦争を生き延び、その後安定した家庭を築いていたようにみえる。このようにダンの姓は同じだったが、それぞれの家族の親族としてのつながりや、サイモン・ダンとの関係を示す史料は見つからなかった。

除隊簿の情報

ところで、サイモン・ダンの除隊簿には彼の手当に関する興味深い情報が掲載されている。黒人以外の北軍兵士には、自分で衣服等を購入するための衣類手当が支給された。その額は、月三・五〇ドル、一八六四年には月四ドルに増額されていた。戦場では現金の入手が容易でなかったため、衣類手当は年に一回支給されていたようで、ダンの勘定は一八六四年一二月三一日、つまりその年の最終日に決済されたようにみえる。

通常、決済された（settled）という言葉は、お金を借りた者がそれを支払うことで、口座の残高がゼロになることを意味する。一八六五年に軍隊を除隊する前に、ダンはアメリカ政府が累積した衣類手当の債権を引き出した。その合計が四九・一三ドルで、それによって決済されたというわけである。また、除隊簿には報奨金として三二〇ドルを受け取ったことと、八〇ドルが支払い予定であることも記載されている。[14]

五月と六月の離隊点呼簿では若干金額が異なり、三一〇ドルが合衆国報奨金として支払い予定だと書かれていた。[15] 後述するように、病院で亡くなった兵士の身元を探すため新聞広告が出された際、強調されたのは「三五〇ドルの所持金」の高さであった。これらの史料からダンはもらうべき報奨金を手にした、といえる。ちなみに報奨金三一〇ドルの価値は二〇二三年現在、概算で六〇〇〇ドル弱である。少なくともしばらく生きていくことができる現金を手にダンは除隊したのだった。

サイモン・ダンという名前

ジョン・ウィリアムズの場合、アメリカ人に非常に一般的な姓名を日本人にあてがったとみられる。ジョンは中国人にも最も多くみられた名前だった。しかし第1章でみたように、サイモンもダンも中国人にはまったくつけられなかった。ではなぜ、彼の名前がサイモン・ダンだったのだろうか。

この点について、シリングは、サイモン・ダンは、本書の次章でみる元漂流者の可能性が高いとし、もともとサイモンはキリスト使徒の一人であるので、ヒコと同様に洗礼を受けたからだとする。そして苗字は日本名に由来するとして、「ダンキチ」や「ダンジュウロウ」などの可能性を提示している。[16] たしかに、ダンとの音では、「団吉」などが連想される。ただこうなると、ダンだけでなく、サイモンも左衛門など日本人の名前の音に近いといえる。さらには団左衛門が、姓名として分解されてサイモン・ダンと書かれた可能性もあるだろう。漂流研究者の川合彦充による漂流者のリストにはこうした名前はみられないのだが、記録に残らなかった漂流者であったのかもしれない。[17]つまり、サイモン・ダンとの名前は、日本生まれの本人による自称であって、そのカタカナ書きという可能性があるのである。

2　ジョン・ウィリアムズ

ジョン・ウィリアムズの兵役記録

第1章で述べたように、連邦徴兵法で徴兵の対象となっても、代替兵を見つけるか三〇〇ドルを払うと、従軍を逃れることができた。[18]しかし、一八六四年七月に徴兵法が修正され、三〇〇ドルの免除金が廃止された。これにより代替兵の値段は急騰、ブローカーはいっそう暗躍することとなる。こうした状況下であったのでウィリアムズの入隊は大いに歓迎されたであろう。何しろ人間の形をしていたら入隊させる、というほど兵士が不足しており、ブローカーの詐欺・騙しが横行していたのである。

一八六四年八月二五日、ジョン・ウィリアムズは徴兵の対象となったウィリアム・E・ベイリー Jr.の代替として入隊した。ウィリアムズの兵役記録を再掲する。

一八六四年八月二五日、ブルックリンで陸軍に入隊、兵卒、三年
日本生まれ、二二歳、ニューヨーク第一騎兵連隊I中隊
職業 労働者

図表2-1 北軍騎兵隊による南軍への攻撃
出典：『フランク・レスリーズ・イラストレイテッド ニュースペーパー』1863年10月3日

ウィリアム・E・ベイリー（Bailey）Jr.の代替、
下院選挙第三区
目の色 黒い、髪の毛の色 黒い、肌の色 浅黒い
身長 五・一フィート〔一五五センチメートル〕
一八六五年六月一六日、ワシントンDCの病院から除隊[19]

彼が入隊したニューヨーク第一騎兵連隊の別名は「リンカン騎兵隊」であった。一八六一年七月一六日から八月三一日にかけて召集、一八六五年六月二七日にアレクサンドリアで解隊。この連隊のA、B、D、E、G、H、I、L、Mの各中隊の兵士は主に

ニューヨーク市で集められた。そのうち四つの中隊はドイツ人、ハンガリー人、ポーランド人で構成されていた。ニューヨーク市以外では、F中隊がニューヨーク州シラキュースで、C中隊はペンシルヴァニア州フィラデルフィアで、K中隊はミシガン州グランドラピッズで編成されたという。[20]

ウィリアムズはこのうち、I中隊に所属したことが分かっている。連隊の戦死者数についてみると、三人の将校と二二人の兵士が戦闘中に死亡し、合計七人の将校と一六一人の兵士が戦傷等によって後に亡くなった。一八九四年に編纂された報告書には、他の兵士同様に、名前と入隊、除隊の日付が一〇五頁にわたって記載されていたが、それ以上の情報はない。[21]

ウィリアムズの場合、入院時の記録があることで、ダンよりも得られる情報が多い。マッカンが提示したウィリアムズの人物像は次の通りである。

①英語力については、署名の代わりに「×」が書かれていたことから、ウィリアムズは英語を書くことができなかったと思われる。英語で年齢と職業を伝えることはできた。流暢に英語を話せたのか、年齢が二二歳で職業が「労働者」ということをようやく伝えられたのかは分からない。

②乗馬が得意だったことから、もとは「侍」であったのではないか。

③入隊の一〇日前に米国に着いたばかりだった。

④入隊に際してお金を受け取っていなかったのではないか。[22]

署名欄「×」の謎

このなかでまず、①の英語力と署名の代わりの「×」についてである。テリー・シマ氏は、ジョン・ウィリアムズが入隊申請書に署名しなかった理由として、ベイリーとの合意から入隊までの時間が短すぎたため、彼は選択肢を保留にしたかったからではないか、と述べた。[23] しかし、ベイリーとの直接の合意はなかっただろうし、入隊時に「一〇日」しか経っていなかったと入院時の記録に記載されていることから、彼の側の戦略であったとは思えない。

ダンと異なりウィリアムズには「私は」から始まる入隊時の宣誓書が二つある。いずれも八月二五日付で、そこには名前を書く欄が二つあった。しかし、冒頭の「私は」の直後のジョン・ウィリアムズと一番下のジョン・ウィリアムズとでは明らかに筆跡が異なっている。通常、宣誓書は自筆で書かれるため、代替兵で入ったウィリアムズの宣誓書の記載の不自然さは一目瞭然である。

さらに、不自然さの最たるものは、ジョン・ウィリアムズの書類の下欄では署名欄の上下に「ここ」「マークしなさい」との文字が書かれていることである。これは明らかに命令形であり、下欄にジョン・ウィリアムズとの名前を書いた筆跡と同一人物によるものにみえる。

疑問なのは、入隊時に「乗馬ができる」と伝えられて、また後に入院した際に「一〇日」しか経っていないことを伝えられた人間が、果たして入隊時に本名を伝えられなかったのかという点である。よって、「これが君の名前だ」と勝手に書かれた上に、「ここ」「マークしなさい」との鉛筆で場所を示しながら口頭でサインを急かされたのではないだろうか。そうであればここで本人の筆跡とおぼしきものは、代筆による姓名に挟まれた形の「×」だけ、ということになる。

ここで、署名欄の「×」は、文字を学ぶことを禁じられた元黒人奴隷を中心に広く見られたことがヒントになるだろう。例えば、ウィリアム・カーニーという黒人奴隷が、一八六三年末、ヴァージニア州ポーツマス近くのエリザベス川でカキ漁をしていた際に、第一〇「有色人種」部隊に強制的に入隊させられた。彼も名前欄に「×」と記載していたほか、もらえるはずであった黒人兵への一〇〇ドルの報奨金を手にすることはなかった。このような黒人の強制的入隊における陸軍士官やブローカーのやり方とウィリアムズへの対応との間には、何かしら似た点がみられる。[24]ウィリアムズの署名欄の「×」も、強制を背景とした、英語が書けないことを示す「×」であったと考えられる。しかも職業を「労働者」と自らが答えたのかどうかも怪しいのである。

ウィリアムズは侍だったか

マッカンは、②にあるように一八五四年の開港後勉強のために米国に派遣されたとして、ジョン・ウィリアムズが「若き侍」の留学生であったとの人物像を提示している。[25]その根拠は、ウィリアムズが騎兵隊に入隊したという事実に基づいている。

マッカンは触れていないのだが、馬に乗るためには小柄なほうが確かに有利であった。この点、南北戦争後、平時の黒人連隊として創設され、西部における「インディアン」戦争に従事した「バッファロー・ソルジャー」の騎兵隊兵士の身長と体重の基準を参考にしてみよう。

> 騎兵隊に入るには、身長が五フィート一〇インチ〔約一七八センチメートル〕以下、体重が一六〇ポンド〔約七三キロ〕以下でなければなりませんでした。騎兵隊では、馬は兵士とその装備を運ばなければならないから、小柄な男性が選ばれました。大柄な男性は歩兵になりました。[26]

この点、身長が一五五センチメートルであったウィリアムズは、徴兵法成立後のニューヨーク州からの兵士不足の中にあって、体格的に騎兵として合格であったであろう。

次に、侍であったかどうかである。第4章で詳述するとおり、一八六〇年、渡米した咸臨丸が修理を受けたのはサンフランシスコ近郊のメーア島海軍造船所においてだった。近くのヴァレホ居住のオランダ（系）の医者の招待を受けた際、日本人が馬に乗れるとは誰も思わなかった。しかし、提督の木村摂津守は旗本であり、乗馬はお手の物であった。木村のような高位の侍身分の人物が「江戸に居れば毎日馬に乗らぬことはない」ことが、周囲を驚かせたのだった。こうしたエピソードは、ウィリアムズが侍のなかでも高い地位であった可能性をも示唆する。[27]

しかし、マッカンの「侍の留学生」との人物像は、この時期アメリカに派遣された留学生は皆無であったので史実に基づいていない。なぜなら、一度は駐日公使ハリスが引き受けた、蒸気式軍艦の注文と海軍の組織に関する実務研究を行う日本人留学生の受け入れの話を、南北戦争後の一八六二年になって米側は断っていたからである。[28] よって榎本釜次郎ら「若き侍」が一八六二年に派遣された先はオランダであった。薩摩藩により森有礼や長澤鼎などの留学生が渡英したのは一八六五年で、数年のイギリス滞在を経て、さらに渡米したのは明治以降の話である。他方、一八六〇年に箱館から脱国した鈴木金蔵は侍身分ではあったが留学生ではなかった。結果としては、ウィリアムズの「一〇日」(前に来た)との記録と留学生が渡ってきた時期とでは、年代がずれているのである。よって、彼が侍身分であった可能性はあるものの、勉強のために米国に派遣された、というのは単なる推測と言わざるを得ない。「騎兵隊」=「馬に乗れた侍であった」というのは、こうであってほしいという願望から来る人物像といえよう。

入院時の記録から

入隊後、ウィリアムズはブロンクスにある新兵訓練場のハート島に送られた。記録の日付は八月二八日。やはり生まれた場所は明らかに「日本」と書かれている。[29] ハート島に建てられた新兵の兵舎では、一度に二〇〇〇人から三〇〇〇人の新兵を収容することができ、最終的には五万人以上がこの島で訓練を受けた。新兵はマンハッタンの南端にあるバッテリー(現在のバッテリー・パーク)から蒸気船によってハート島へ移送された。ちなみにニューヨークに戻った騎兵隊が歓迎会の後、蒸気船で向かったのもハート島であり、そこで最後の給料の支払いが行われたのだった。

ウィリアムズの中隊はヴァージニア州にあるシェナンドー・ヴァレー等で戦った[30]。しかし彼は発熱し騎兵第三師団病院に入院し、一八六五年五月二六日にワシントンDCにあるアーモリー・スクエア病院に移送された。彼は弛張熱（febris remitens）に罹患したと記録されている[31]。入院時の記録は次の通りである。

年齢　一八歳
出生地（ネイティヴィティ）　日本
既婚か未婚か　未婚
住所　ニューヨーク市
郵便が届く妻、ないし一番近い親類の住所　この国に親類は一人もいない
診断（手術の場合その状況、そして負傷や傷の種類を明確に記入すること）　弛張熱

このように診断は弛張熱であったが、それ以上の詳細な記述はみられなかった。「アーモリー・スクエア病院K病棟の患者」（写真2－1）にみられる患者と同じように、ウィリアムズは重篤ではなく会話ができる状態であったと思われる。年齢は入隊時には二二歳のはずであったが、病院

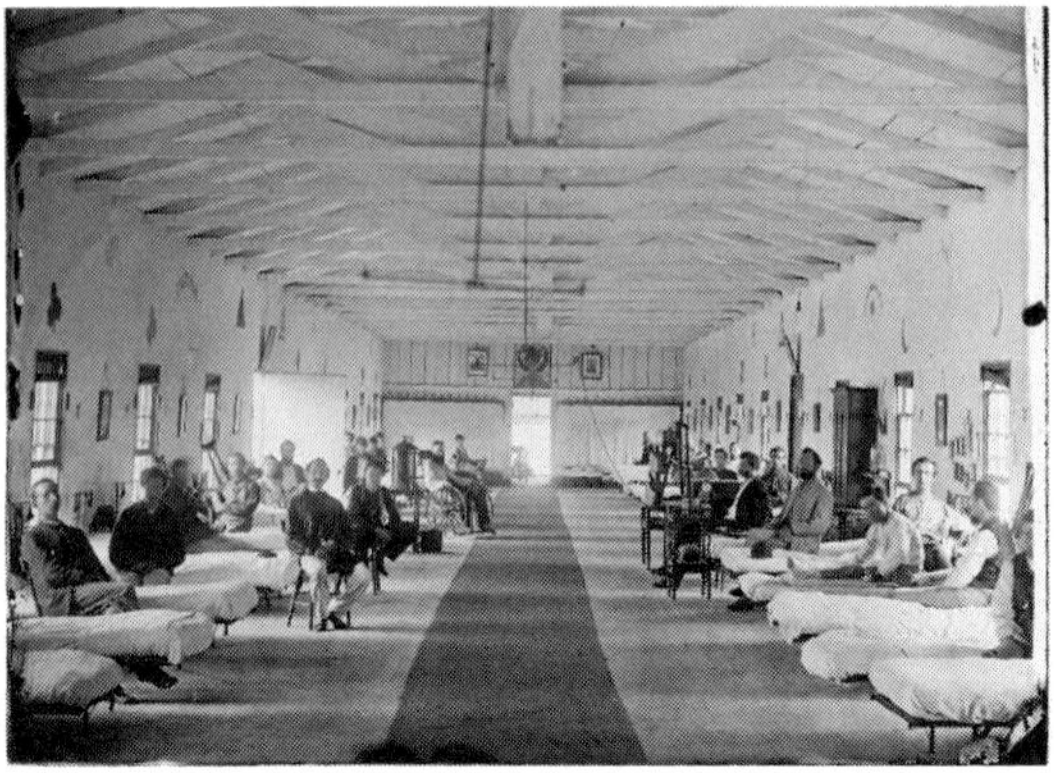

写真2-1　アーモリー・スクエア病院K病棟の患者 1865年8月
出典：Civil war photographs, 1861-1865 (Library of Congress)

では二〇歳か二一歳に斜線が引かれ一八歳と書かれており、そこには若干の開きがある。

記録については、病院のほうが「親類は一人もいない」など、本人との会話を経なければ得られない具体的な情報を含み、信憑性が高いといえる。よって、年齢に関しても病院での一八歳のほうが正しいように思われ、そうであれば、入隊時の宣誓書では名前だけでなく年齢もこれでいいだろうと、推測で書かれた可能性が高い。

また、マッカンが述べる「入隊の一〇日前に米国に着いた」ばかりとの解釈であるが、実際の資料には、着いた場所の記載はなく、また、“10 days”としか書かれていない。よって、外国から米国に着いてから一〇日だけではなく、ニューヨーク（ブルックリン）に一〇日前に着いたばかり、と解釈することもできる。第3章でみるように、これより少し前、ボストンからニューヨークまで漂流者の作蔵と勇次郎とが移動していた。

また同時期、密航者の鈴木金蔵がオレゴンに、出島松造がペンシルヴァニアに住んでいた。すでにアメリカの他の地にいた日本人がニューヨークまで移動したうえでの「一〇日」であった可能性もある。

南北戦争時の病院

ところで一八六二年三月から七月にかけての「半島方面での作戦」の展開後、急増した傷病兵を収容するため、ワシントンＤＣでは連邦政府が「ホテル、教会、クラブ、校舎、そして個人の邸宅を軍病院に代替する大規模計画に着手」していた。そのため、もともとはホテルであった優雅な部屋に置かれた簡易ベッドに患者がひしめくという光景が広がった。病棟で看護師として働いたなかには、詩人ウォルト・ホイットマンや『若草物語』の作者、ルイザ・メイ・オルコットがいて、その「奇妙な光景」を記録に残した。[32] 病院名簿の記録を担当した合衆国衛生委員会が官僚機構として整備されていく様子について、ファウストは以下のように述べている。

一八六二年後半に委員会は、病院名簿を作成し、陸軍病院に運び込まれた北軍兵士ひとりひとりの名前と状態とを中央に集めることにより、「情報を求める大勢の問い合わせに応え」ようと試みた。ワシントンＤＣの中心街にある委員会事務所三階では三人のフルタイムの事務員が、何十もの病院から毎日送られてくる報告をより大きなリストに書き写す作業をしていた。[33]

さらに、一八六三年三月までに三つの事務所がフィラデルフィア、ニューヨーク、ルイヴィル（ケンタッキー州）に新設され、二三三の陸軍病院の記録を分担するようになった。[34] ファウストによれば、南北戦争では「身元を明らかにできるもの、埋葬できるものが何も残らない状態」での死が時として起きた。それはつまり「死体も丸ごと消し去った」ほどの激戦の様子を表していた。[35]

一方形見や所持品が分かる死もあった。一八六八年、北軍の補給局長モンゴメリー・メグスはワシントンの陸軍病院で身元不明のまま一八六四年五月に死亡した、ある人物の似顔絵を新聞に掲載することを決心した。多くの女性から自分の息子や夫ではないかという手紙が届いたものの、身元は明らかにならなかった。新聞掲載の大きな理由は、上記の人物が三五〇ドルを所持していたことにあった。また、子供の写真を所持していたことにも言及されていた。[36] 入院時、所持品は身元を示すための重要な情報であったし、所持金は遺族に返金されるべきものであった。つまり大金を持っていたこと、家族がいたと思われることから、身元不明兵士の新聞広告掲載にまで至ったのである。

3 報奨金とブローカー

報奨金

ところで、ニューヨークの騎兵隊に限った場合、入隊者はどのぐらいの報奨金を受け取っていたのであろうか。例えばニューヨーク第一騎兵小銃兵連隊は、ニューヨーク第七騎兵隊とも呼ばれたが、この騎兵隊が出した五〇人の兵士の募集広告から、具体的な報奨金の額をみてみよう。

図表2–2　ニューヨークにおける騎兵隊募集ポスター
出典：Baker & Godwin, New York, New York Historical Society and Library of Congress

四ドルが登録直後に支払われ、州の報奨金五〇ドル、市の報奨金五〇ドルが入隊するとすぐに支払われます。連隊への合流後すぐに国の報奨金二五ドルと一ヶ月分の給料が支払われます。合計で一四二ドルの現金を手にします。従軍の期間終了時には国の報奨金が七五ドルで、合計二一七ドルとなります。

最も低い階級である兵卒の給料は月一三ドルで、原則的に二ヶ月に一回支払いが行われることになっていた。しかしポスターにある「合流後すぐに国の報奨金二五ドルと一ヶ月分の給料が支払われます」といった誘い文句は裏切られることのほうが多かった。給料の支払いは、貧困から入隊した多くの兵士にとって文字通り死活問題であったが、兵士が作戦とともに移動することもあり支払いは困難を伴い、しばしば遅れを伴ったからである。

ウィリアムズが実際に従軍した期間は、一八六四年九月一日から六五年五月三日までの九ヶ月ほどで、その給料だけでも一一七ドルになったはずである。しかし除隊簿には、最後の支払い日、一八六四年一二月三一日に国が累積した衣類手当の債権と支払うべき累積給与の合計六三ドル七二セントを引き出したと書かれていた。支払われた報奨金は一〇〇ドル、支払い予定額が二〇〇ドルと書かれているものの、それらの上に二重線が引かれ「×」印が付けられていたので、実際には支払いがなされなかったのではないかと思われる[37]。

一方、ダンの場合、報奨金としておそらく三二〇ドルを受け取ったことと、八〇ドルが支払い予定であることが記載されていた。この点ではマッカンが言うように、除隊時のウィリアムズの所持金が本来持っているべき金額に満たなかったのは確かである。彼は報奨金を受領せず、代替兵として手にするべき代金も後述するブローカーに騙されて手にすることができなかった可能性が高いのである。

黒いビジネス――ブローカー

当初、入隊者を一人見つけた人に支払われる代金は二ドルと法律で定められていたが、一八六三年末にはその額が帰還兵を除き一人あたり一五ドルに引き上げられた。[38] 代替兵に支払われる値段が高騰したことで、ブローカーたちのビジネスを繁盛させた。それは戦争に乗じた黒いビジネスであった。例えば、ブルックリンで代替兵を得るために徴兵者から支払われた九〇〇ドルのうち、ブローカーが代替兵本人か家族に支払われるべき四〇〇ドルを騙し取った例がある。これは当該のブローカーを探し当てた代替兵の妻の執念によって後に発覚した、後述するブローカースキャンダルの氷山の一角である。[39] そうしたなかで、ウィリアムズが入隊した一八六四年八月二五日の前後のブローカーの動きは具体的にどのようなものであったのか、新聞記事から探ってみよう。

まず一八六四年七月二〇日には「あと五〇万人が徴兵される見込みのため、適当な価格での代替兵を希望の方は今すぐ……事務所へ」という広告記事が掲載されている。[40] こうした広告は頻繁にみられ、ブローカーの存在は住民にとって身近であったことが分かる。「外国人または退役軍人」向けの広告もあり、そこには海軍でも陸軍でも代替兵になることで最も高値の現金を獲得できます、といった誘い文句が含まれていた。[41]

新聞にはブローカー関連のトラブルも多数報道されている。一八六四年八月にはブローカーの死亡を引き起こした人物が、無罪となった事件の報道があった。その中味は次のようである。ジョン・S・マシューズという代替兵ブローカーとカーティスという名の代替兵が、パトリック・カーニーという人物宅に宿泊することとなった。カーニーが寝静まった後、マシューズがカーニーの娘を襲おうとしたので、マシューズを家から追い出そうとしたところ、マシューズは窓から地下室まで落ち、そのケガが原因で後日死亡した。記事は、事故はブローカーの自業自得という調子で書かれていた。[42]

また、ウィリアムズの入隊二日前の八月二三日付の『ブルックリン・ユニオン』紙には、「現在採用される新兵は非常に少なくなって、日に日にそのリストは薄くなっており……第三区のキングス郡充当分としてはわずか六人の登録しかなかった」と書かれている。[43] 他方、八月二六日の『ブルックリン・デイリー・イーグル』紙には、複数のブローカーの広告が出されていた。多くは徴兵対象者をターゲットにしたものである。それでも、該当する人材がもはや本来の徴兵対象者には残っておらず、徴兵が免除されるはずの「外国人または退役軍人」から割り当てを充当しようとしていた。これが、ウィリアムズ入隊の翌日の広告からみえる現実であった。

さらに八月二七日付の同紙は、ブルックリンのあるキングス郡の「最も正直で賢明な」スーパバイザー委員会の一人による現状に対する次のコメントを掲載している。

徴兵担当委員は、自分の地区に住む二〇歳から四五歳までの健康な市民と見える人物をすべて入隊させるようにと指示されている。彼がもし目の前の人物を外国人だと知っていたらリストから外すこともできる。ただ委員には〔帰化のための〕宣誓をさせる権限はないので、外国人であると知らない場合にはその人物は徴兵者として含まねばならない。それは身体の障がいも一緒である。……目に見える障がいがない場合には、徴兵者に含める義務がある。……ただこうした人たちは徴兵されても実際に入隊とはならないことをよく分かっているので、憲兵隊長のオフィスに行って免除を申し出ることをしない。……私は、もしこれらの人々が免除を申し出たならば、〔母数が減るため〕この郡の割り当て数が減ることを知っているのだが。[44]

加えて、年齢について判断するための指針もなかった。よって、「二〇歳から四五歳までの健康な市民とみえる人物」の、年齢、市民、健康のいずれもが、そのようにみえるかどうかで、判断されていたことになる。

さらに記事は、ブローカーに関するひと悶着を報告している。パットという名前の男性が、海軍に入隊しようとしたところ、報奨金目あてのアイルランド人女性によって海軍造船所に連れて行かれて、熾烈を極める競争をしていたブローカーの群れに入り込んでしまった。パットは酒を次々に飲まされた後、必死に逃げ出し、ブローカーたちが自分を捕まえないようにと、二人の警察官に訴えた。一方で、アイルランド人女性は「こいつら悪党ブローカーのせいで一五〇ドルの報奨金を逃した」とわめきたてていた。英語を話せたパットでさえもほうほうの体でようやく逃げ出したのだった。記事は「熾烈を極める競争」をしていた「ブローカーの群れ」に入り込んでしまったパットは、「青魚の中に入ったイカ」にたとえられている。[45]このように、報奨金を狙っていた案内人のアイルランド人女性やブローカーたちのように、ブルックリンにおいて「来たばかりの外国人は騙しやすい」とほくそえんでいた輩がいた。

代替兵を頼んだのはどんな人物か？――ウィリアム・E・ベイリーJr.

一八六四年五月一一日付の新聞記事によれば、下院選挙第三区の第二地区では準備が整わず徴兵の抽選が行われなかった。徴兵される可能性のあった住民は、こうした遅れを喜んでいたという。[46]ウィリアム・E・ベイリーJr.も同じ気持ちであったであろう。ウィリアムズが兵役を代替したベイリーのプロフィールをみていこう。

まず単純にウィリアム・ベイリーという名前で、前章でも参照した一八六〇年センサスを検索すると、全米で二四九人、ニューヨーク州に限っても三九人が抽出される。その中からジョン・ウィリアムズが代替兵となったベイリーを絞り込むためには、住所が決め手となる。彼は下院選挙第三区に住んでいた。

ウィリアムズが掲載されていたニューヨーク兵員名簿抄録とベイリーが記載された徴兵登録記録で、この第三区におけるウィリアム・ベイリーとなると、以下の三人に絞られる。

①ウィリアム・E・ベイリー　第二グループ、住所・サウス フィフスストリート一〇二、四四歳、白人、会計士、既婚、コネチカット州生まれ[47]
②ウィリアム・ベイリー　第二グループ、住所・フリーティプリンス、四〇歳、白人、石工、既婚、イングランド生まれ[48]
③ウィリアム・ベイリー　第一グループ、住所・ピックニープレース四六、二六歳、白人、食料品店、既婚、ニューヨーク州生まれ[49]

ところで連邦徴兵法第三節は以下のように徴兵対象の優先順位を付けていた。

第一グループは、二〇歳から三五歳未満の年齢のすべての人々、および三五歳以上四五歳未満のすべての未婚の人々で構成される。また、第二グループは、兵役の対象となる他のすべての者で構成され、第一グループの者が召集されるまで、どの地区においても召集されてはならない。[50]

ブルックリンは連邦への忠誠が強い土地柄であったというが、ブルックリンの徴兵登録記録をみると、第一と第二グループの人数比は三対二といったところで、第一グループでは十分な割り当て数を満たすことができなかったとみられる。[51] よって、①と②のベイリーも第二グループであるが徴兵の対象になった。

このうち、①のウィリアム・E・ベイリーの徴兵登録記録とセンサスを照合すると、一八一七年コネチカット州生まれで、それぞれに記された職業「ブックキーパー」と「会計士」は同義とみてよい。センサスでは、一九歳から五ヶ月までの七人の子ども、そして自らの母親（六七歳）とおそらくは義理の母親（七四歳）が同居していた。そのうち仕事を持っていたのは本人と一九歳の息子ピーターの二人であった。加えて、不動産資産価値が六〇〇〇ドル、個人資産価値が三〇〇〇ドルであったことが記録されている。[52] 徴兵登録記録にある住所、ブルックリンの「サウス フィフスストリート一〇二」は現存し、ブルックリンの海軍造船所からほど近く、徒歩で一五分程度の場所である。[53] 一八六〇年センサスの記録でも、ブルックリンに居住するコネチカット州生まれのウィリアム・ベイリーが確認できた。

ジョン・ウィリアムズの兵役記録に記載のミドルネームを含めた名前が一緒であることから、①のベイリーこそ、ウィリアムズに代替を頼んだ人物であると思われる。徴兵法は二〇歳から四五歳未満を対象としていたが、ブルックリンの「会計士」ウィリアムズは四四歳で、ギリギリで徴兵に引っかかった。一八六〇年センサスから分かるベイリーの年齢と家族の構成から、代替兵を求めたのは無理からぬことであった。

そのベイリーが後年、一八九三年一一月に七六歳で亡くなった際の記事には、一四歳でニューヨークに来たと書かれている。死亡時の住所が「サウス フィフスストリート一五一」とあり、徴兵登録時からほとんど変わっていなかった。[54] 以下は別のブルックリンの新聞に掲載された長文のお悔やみ記事の一部である。

東部地区で尊敬されていた高齢の市民ウィリアム・エグバート・ベイリー氏は、昨日の午後、自宅のサウス フィフスストリート一五一で亡くなりました。……彼はニューヨークのテイラー・ハッデン・アンド・カンパニーの衣料品店で長年ビジネスに従事していました。ベイリー氏は、オールソウルズ・ユニバーサリスト教会の最古のメンバーの一人でした。彼は教会の管財人と書記を長年務め、日曜学校の監督として、また死の時まで執事としての地位を維持していました。……彼はもの静かで態度には威厳があり、仲間の男性との商取引には礼儀正しく、すべてのよき〔教会の〕仕事に熱心であり模範的な父であり夫でした。[55]

ユニバーサリスト教会は人種差別に反対の立場をとっていたことで知られていた。一般的に弔文記事の中味は、賞賛ばかりではないが、この記事からは、ベイリーは地元でよく知られ、大変尊敬される人格の持ち主であったことが分かる。彼が、ブローカーを通じて代替兵を頼んだのかどうかは定かではないが、「一〇日」〔前に来た〕と後に記録されるウィリアムズとは面識がなかったと考えるのが自然である。ウィリアムズに妻や家族がいて、騙しのスキームを理解し頼る相手がいたら話は別であっただろう。兵舎から手紙を書き、自分はブローカーに騙されていたと訴えていたら、ベイリーとの接点ができたかも知れない。しかし事実は全く異なる。ウィリアムズには、彼からの、また彼に関する郵便が届く家族は一人もいなかったのである。

ウィリアムズも騙されたのでは？

繰り返しになるが、入院時に、ジョン・ウィリアムズは「一〇日」〔前に来た〕と記録された。また入院時の所持金の少なさから、彼が入隊時の報奨金を受け取っていなかったことが示唆される。こうしたことに先行研究がいうブローカーの存在が垣間見える。ウィリアムズは、英語が分からない着いたばかりの移民、つまりブローカーにとっての典型的なカモであったのであろう。代替兵となったにもかかわらずその対価を受け取っていなかったことからもそれが分かる。

一八六五年二月、戦争終結の三ヶ月前、ブルックリンを舞台にしたブローカー暗躍のスキャンダルが、戦争省の探偵であるラファイエット・ベーカー大佐の捜査によって明らかになり、二七人のブローカーが逮捕されることとなった。[56]『ニューヨーク・ヘラルド』紙の報道によれば、その中心はアイルランド人ジョン・フェイと、ブルックリンの内国歳入課税査定人・公証人ジョン・デヴリンであった。海軍集合場所に出入りした彼らの手口は以下の通りである。海軍にリクルートされた二〇人が新兵収容艦に送られると、デヴリンは収容艦の書記長らと共謀し、彼らの名前を入手する。そのうえで、デヴリンのオフィスに戻り入隊者登録書を偽造し、報奨金の領収証も偽造する、というものだった。[57]

また各新聞は上院において徴兵法修正案が可決されたことを伝えていた。それは「代替兵ブローカー、徴兵代理人などで、報酬や利益のために、酩酊状態の人や狂人を入隊させた者は罰せられる」ことを定めたものである。こうした修正案の「酩酊状態の人や狂人を入隊させ」るとの文言こそが、ブローカーたちの手口や彼らのターゲットを物語っている。[58]

同時に連邦・州政府からの報奨金や給料の未払いは広範囲にわたり、大変深刻な問題であった。一方で、バウンティ・ジャンパーと呼ばれた報奨金をもらった直後に逃亡する者も後を絶たなかった。それゆえ、報奨金を渡す側の役人は、報奨金や給料の未払いは「私たちの責任ではない」と匙を投げている状態であった。ニューヨークで入隊したヘンリー・ウォーカーも報奨金未払いの状況を妻への手紙に残していた。経済的に困窮状態にあったウォーカー家からは先に息子が、おそらく二〇歳未満で入隊していた。困窮家庭によくみられたように、ウォーカー家も報奨金を収入源のひとつにしようとしていたのである。途中で病死した息子は、自分の虎の子の給料が戦争中のキャンプで盗難にあったことを手紙に残した。[59] こうした金銭の盗難もまた、しばしば起きる戦争の現実であった。

このような状況の下、ウィリアムズも従軍後に同様の盗難の被害に遇った可能性が十二分にある。つまり、ブローカーに騙された、給料支払いが遅延した、報奨金や給料が盗まれた、という三つの可能性が、彼が入院した時に所持金が少なかった理由として考えられるのである。

退院後の行動——ウィリアムズはどこへ行ったのか

ウィリアムズは六月一六日には退院と同時に除隊となった。その後六三ドルと少しを手にした彼はどこへ行ったのであろうか。彼の連隊は一八六五年六月二六日アレクサンドリアで解隊後ニューヨークへ帰還。ボルティモアとフィラデルフィアを経て、二七日の夜ニューヨークに着いた。翌日午後バッテリーの波止場に戻り、最後の支払いと除隊手続きのために蒸気船でハート島に渡った。そして七月七日に給料の支払いが終了し、兵士たちはそれぞれの家に帰るべく解散した。[60]

この騎兵隊は誇り高き「リンカン騎兵隊」であって、報奨金制度ができる前の志願兵が多かった。ニューヨークに戻った際のA・W・アダムズ大佐のスピーチは以下のように、お金ではなく自由のために闘い名誉を得たとの誇りに満ちたものであった。

我々は反乱が勃発した際に、危機にさらされた国家を助けるために自発的に馳せ参じた最初の連隊です。私たちは『報奨金』を求めず、あさましい分け前も要求しませんでした。共和国の星条旗の至高さと威厳を守るために、我々の兵役、我々の命、そして我々の名誉を無償で提供しました……我々は富を伴って皆さんの前に戻って来たわけではありません。しかし、我々には名誉があるのだと、私は信じています。[61]

ウィリアムズはニューヨークでの最後の解隊式に参加しなかったのだろうか。入院時の記録には、彼には郵便が届く妻や家族の住所がなく、この国に親類は一人もいなかったと書かれていた。後述するように、おそらくは病気もあって彼はニューヨークに戻らず、そのためお金を手にすることができなかったのではないだろうか。

4　さらなる探索

様々な史料の検証

従軍時のもの以外に、ジョン・ウィリアムズとサイモン・ダンと思われる人物に関する史料がアメリカに残っていないか。以下、前章の中国人に関する先行研究を手がかりとして、様々な史料を横断的に検証していくこととする。検証に際しては、二人が欧米風の姓名であることが最大の壁となった。そこで、しらみつぶしに二人が確実にいたと思われる史料をみていくほか、生年＝一八四二年前後、ないし出身地が入力できる場合には生まれた場所＝「日本」も検索ワードとして抽出されたものに焦点を当てる。

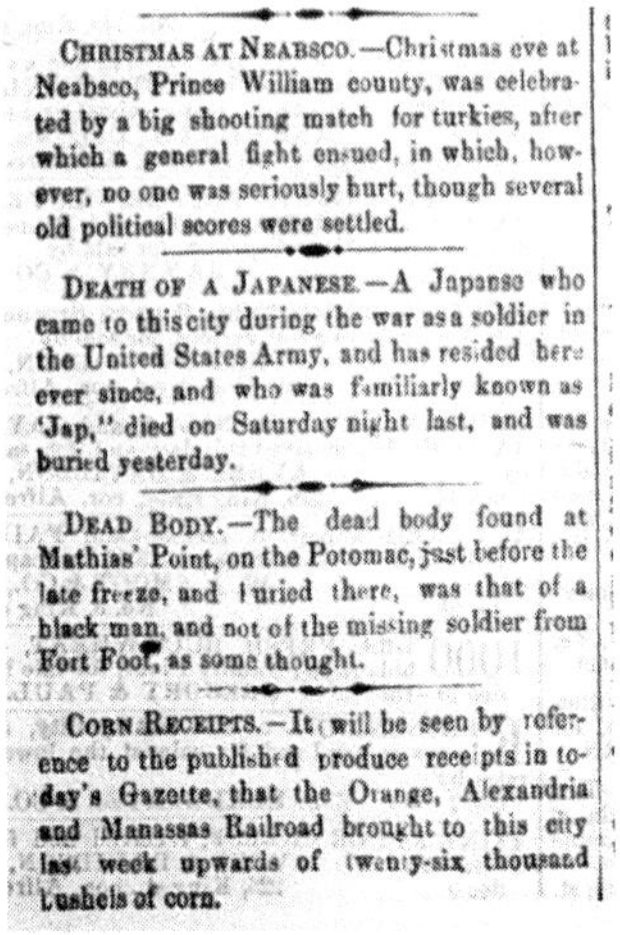

CHRISTMAS AT NEABSCO.—Christmas eve at Neabsco, Prince William county, was celebrated by a big shooting match for turkies, after which a general fight ensued, in which, however, no one was seriously hurt, though several old political scores were settled.

DEATH OF A JAPANESE.—A Japanse who came to this city during the war as a soldier in the United States Army, and has resided here ever since, and who was familiarly known as 'Jap,'' died on Saturday night last, and was buried yesterday.

DEAD BODY.—The dead body found at Mathias' Point, on the Potomac, just before the late freeze, and buried there, was that of a black man, and not of the missing soldier from Fort Foot, as some thought.

CORN RECEIPTS.—It will be seen by reference to the published produce receipts in to-day's Gazette, that the Orange, Alexandria and Manassas Railroad brought to this city last week upwards of twenty-six thousand bushels of corn.

図表2-3　ある日本人の死
出典：『アレクサンドリア・ガゼット・アンド・ヴァージニア・アドヴァタイザー』1867年12月30日

新聞記事――ある日本人の死

本書の序章のなかで紹介したように、一八六七年一二月三〇日、「ある日本人の死」という記事がアレクサンドリアの地元紙に掲載された。そこには「この市に合衆国陸軍兵士として戦争中に来て、それ以来ここに住んでいた日本人で、『ジャップ』として親しまれていた人物が先の土曜日夜に亡くなり、昨日埋葬された」と書かれていた。[62] 一八六七年一二月三〇日は月曜日で、亡くなった「先の土曜日」とは、一二月二八日であった。この記事こそが南北戦争に「日本人」兵士がいた、との根拠になるもっとも重要な史料である。

記事にある「この市〔アレクサンドリア〕に合衆国陸軍兵士として戦争中に来て」との内容は亡くなった人物を特定するための重要なヒントのように思われる。というのも、サイモン・ダンは一八六五年八月二八日に、ヴァージニア州のリッチモンドで除隊となったので、戦争中にアレクサンドリアに来ていないからである。

一方のジョン・ウィリアムズは一八六五年六月一六日に、ワシントンDCの陸軍アーモリー・

スクエア病院で除隊となっている。この病院の跡地には後年、国立航空宇宙博物館が建てられた。現在、一帯は航空宇宙博物館のほか、多くの博物館や美術館があり、ナショナル・モールと呼ばれている。ここからアレクサンドリア市街地へはポトマック川を渡って、徒歩でも三、四時間ほどである。しかも、ウィリアムズが所属したニューヨーク第一騎兵連隊は一八六五年六月二六日に、アレクサンドリアで解隊となった。よって、ウィリアムズは病院で一人除隊となった後、騎兵隊の解隊に合流するためにアレクサンドリアに向かったのではないか。

彼は、アメリカ（ないしニューヨーク）に来て一〇日で入隊しており、ブルックリンに戻ったところで、仕事や宿のあてがあったとは思えない。そのうえ病気も完治していなければなおさらのこと、除隊後の兵士の扶助組織に頼る形で、アレクサンドリアに残留するのがもっとも合理的な選択肢ではなかったか。そこで、筆者は右に紹介した「ある日本人の死」で記事に掲載された人物とは、ジョン・ウィリアムズではないかと推察した。

一八七〇年センサス

ところが、である。一八七〇年センサスの調査票に、日本生まれの「ジャック・ウィリアムズ」が記録されていたことをみつけた。ジョンは別名ジャックとも呼ばれるという。しかも、ワシントンDCやヴァージニア州からもそれほど遠くないメリーランド州での調査票の記録である。[63]

そもそもアメリカ・センサスは、初回の一七九〇年から一八七〇年まではマーシャル（連邦法

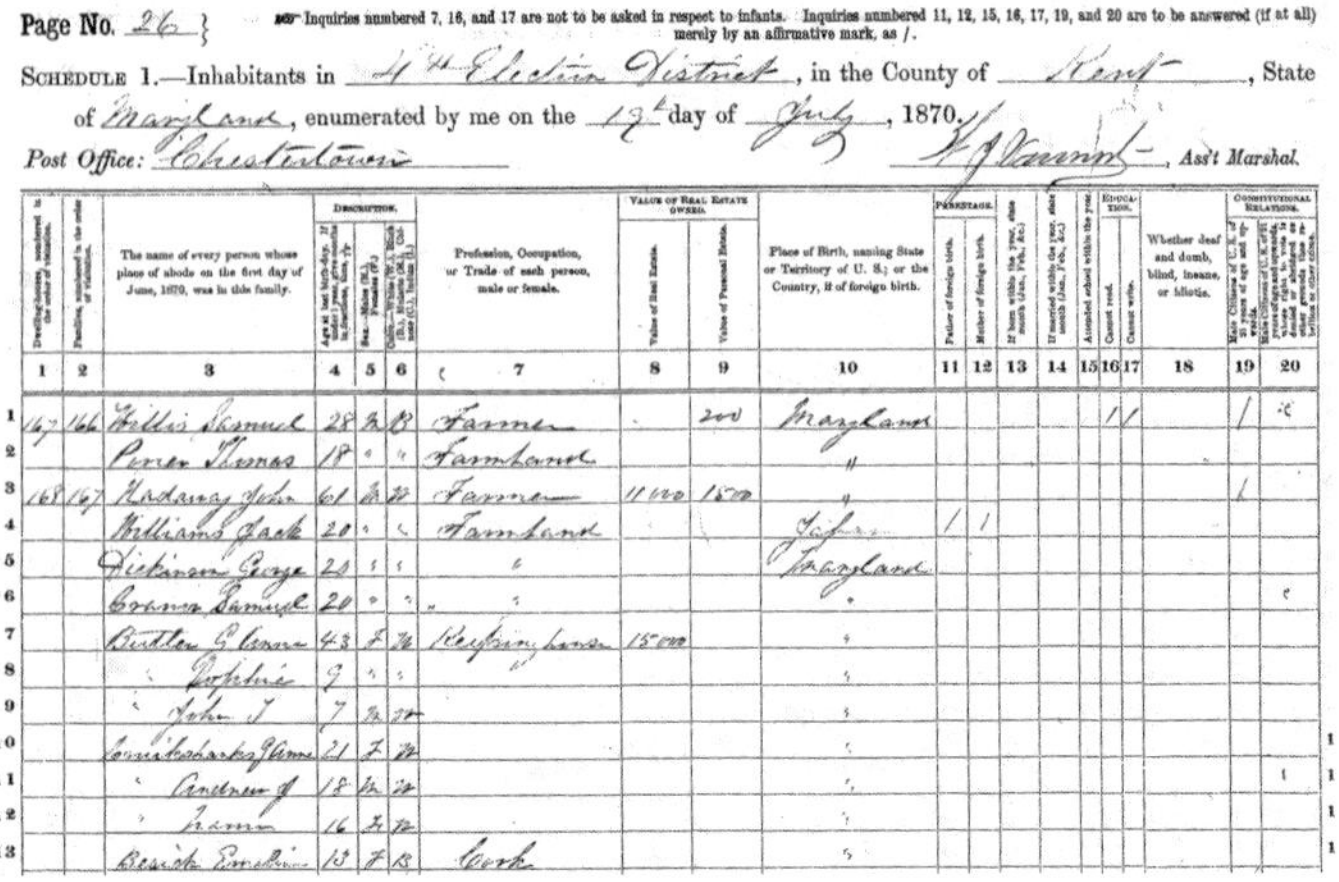
Page No. 26

Inquiries numbered 7, 16, and 17 are not to be asked in respect to infants. Inquiries numbered 11, 12, 15, 16, 17, 19, and 20 are to be answered (if at all) merely by an affirmative mark, as /.

SCHEDULE 1.—Inhabitants in 4th Election District, in the County of Kent, State of Maryland, enumerated by me on the 19th day of July, 1870.

Post Office: Chestertown

Ass't Marshal.

	Dwelling-houses, numbered in the order of visitation.	Families, numbered in the order of visitation.	The name of every person whose place of abode on the first day of June, 1870, was in this family.	Description: Age at last birth-day.	Description: Sex.—Males (M.), Females (F.)	Description: Color.—White (W.), Black (B.), Mulatto (M.), Chinese (C.), Indian (I.)	Profession, Occupation, or Trade of each person, male or female.	Value of Real Estate Owned: Value of Real Estate.	Value of Real Estate Owned: Value of Personal Estate.	Place of Birth, naming State or Territory of U. S.; or the Country, if of foreign birth.	Parentage: Father of foreign birth.	Parentage: Mother of foreign birth.	If born within the year, state month (Jan., Feb., &c.)	If married within the year, state month (Jan., Feb., &c.)	Attended school within the year.	Education: Cannot read.	Education: Cannot write.	Whether deaf and dumb, blind, insane, or idiotic.	Constitutional Relations: Male Citizens of U. S. of 21 years of age and upwards.	Constitutional Relations: Male Citizens of U. S. of 21 years of age and upwards, whose right to vote is denied or abridged on other grounds than rebellion or other crime.
	1	2	3	4	5	6	7	8	9	10	11	12	13	14	15	16	17	18	19	20
1	167	166	Willis Samuel	28	M	B	Farmer		200	Maryland						/	/		/	
2			Porter Thomas	18	"	"	Farmhand			"										
3	168	167	Hadaway John	61	M	W	Farmer	11000	1500	"									/	
4			Williams Jack	20	"	"	Farmhand			Japan	/	/								
5			Dickinson George	20	"	"	"			Maryland										
6			Cramer Samuel	20	"	"	"			"										
7			Butler E. Anna	43	F	W	Keeping house	15000		"										
8			" Sophie	9	"	"				"										
9			" John T	7	M	W				"										
10			Cruikshanks J. Anne	21	F	W				"										
11			" Andrew J	18	M	W				"										
12			" Fanny	16	F	W				"										
13			Beswick Emeline	13	F	B	Cook			"										

図表2-4　1870年センサス調査票 ジャック・ウィリアムズ
出典：Population schedule of the U.S. Census, District 4, Kent, Maryland, 1870

執行官）が任命するアシスタントが各州で調査を行っていた。一八七〇年のセンサスには拙著で示したようにカリフォルニア州の「ワカマツ・コロニー」の一団のほか、ニュージャージー州をはじめとする東海岸の日本人留学生の記録が調査票に残された。[64]この現地からの記録を踏まえて、日本生まれが五五名いたとセンサス・レポートは公表した。しかし、レポートにメリーランド州での日本人の記録は含まれていなかった。よって、この日本生まれの「ジャック・ウイリアムズ」へのメリーランド州での記録は首都ワシントンのセンサス・オフィスで見逃されたとみられる。

メリーランド州出身者の南北戦争における戦死者数は二〇〇〇人を超えたが、他州に比べて少ない方であった。隣のヴァージニア州は南部連合側の主力として戦ったため、三万人を超える戦死者が出ていた。北軍ではニューヨーク州が最も多くの兵士を送りだし、そのなかにウィリアムズやダン、そして多くの中国人がいた。同時に戦死者も三万九〇〇〇人と突出して多く、戦闘での死者数の割合も高かった。このようにメリーランド州では戦死者は少なかったものの、以前と同じように元黒人奴隷を農場で使うことができなくなったため、戦後には労働力が不足し、解放民管理局は賃金労働者として採用したい人々と、仕事の欲しい元奴隷を結び付けることもあった。

そのような状況のメリーランド州で、明らかに「日本」生まれと書かれた、ジャック・ウィリアムズがセンサスの記録に残ったのである。日本生まれのほか記載された情報としては、年齢二〇歳、居住地が第四地区、ケント郡、メリーランド州。ケント郡は、メリーランド州の東海岸部に位置し、一八七〇年時の人口は一万七一〇二人であった。父と母ともに「外国生まれ」の人物はこの近辺には珍しいなかで、本人、両親ともに日本生まれと明記されているため、ウィリアムズが日本人であった可能性が示唆される。

ウィリアムズは、メリーランド州生まれの世帯主ジョン・ハダウェイ（六六歳）の下で、職業「農業手伝い」をしていた。ハダウェイはウィリアムズに加えて、メリーランド州生まれのジョージ・ディッケンソン（二〇歳）とサミュエル・クラマー（二〇歳）という二人の「農業手伝い」を雇っていた。[65] 上記のように、奴隷解放による労働力不足を埋めるため、ジャック・ウィリアムズにまで声がかかったのだろうか。また、一八七〇年センサスによれば、ジャック・ウィリアムズは一八五〇年生まれである。他方、南北戦争に従軍したジョン・ウィリアムズの一八六五年入院時の一八歳との記録によれば、一八七〇年には彼は二三歳になっているはずである。よって、記録上は年齢に三歳のズレがある。

ここで日本生まれのジャック・ウィリアムズを雇っていたハダウェイの家族についてみてみよう。一八五〇年に四二歳であったハダウェイが持っていた不動産の資産価値は四〇〇〇ドルで、妻のサラは四〇歳。家族以外には働き手はいなかった[66]。一八六〇年にハダウェイが持っていた不動産の資産価値は五五〇〇ドル、個人資産価値は五五三〇ドルであった。個人資産価値は一八五〇年には質問項目になかったので単純に比較はできないが、一八六〇年には家族だけではなく白人のジョン・ディッケンソン（一二歳）と黒人のジェームズ・ライリー（一四歳）が同居していたので、徐々に人手が必要になったことと、資産価値も増えたことが分かる。一八七〇年に「農業手伝い」として同居したディッケンソンは同一人物であろう[67]。

そして一八七〇年。このジョン・ハダウェイの家族には、黒人に加えて、日本人が同居していた。この時のセンサス調査時において、世帯主ハダウェイは、ディッケンソンを含め、「農業手伝い」の三人をすべて二〇歳と回答した。

一八七〇年には、妻のサラ（三五歳）はそれまでとは異なり、職業がやはり農家である息子のジョージと近隣で同居していた[68]。ハダウェイの息子二人、ジョージとトーマスは南北戦争時、北軍側で戦ったことが記録に残っている。一八七〇年に、ジョン・ハダウェイの家族が二つの世帯に分かれた理由は想像するほかないが、息子の世帯に家族が分かれる形で、それぞれ手伝いを雇いながら、農業を営んでいたことが分かる。

ジョン・ウィリアムズは、ハダウェイ兄弟や農業手伝いのディッケンソンとは従軍した場所、戦った連隊が異なるため、軍隊での接点はなかったように思われる。ジョン・ウィリアムズが南北戦争後にメリーランド州のケントに行ったジャックと同一人物だとしたら、おそらく独自に個人的な知遇を得たか、職業を斡旋する機関の仲介を経たのだと思われる。加えて、ウィリアムズが一八七〇年のセンサスに残ったため、南北戦争中にアレクサンドリアに来て戦後まもなく亡くなった人物は、サイモン・ダンということになろう。ただし現在のところ、姓の一致は偶然でないかとみており、点と点を結ぶさらなる検証が必要である。

一八八〇年センサス

一八八〇年センサスには、ジャック・ウィリアムズはおろか、一八六〇年と七〇年と記録に残った手伝いのジョン・ディッケンソンも記録に残っていなかった。七〇歳になるハダウェイの職業は「商人」で、もはや農業を営んでおらず、同居していたのは「店の事務員」である孫一人だけだった。[69] サイモン・ダンやジョン・ウィリアムズと同姓同名ないしは、近い名前の日本生まれの人物はいなかったため、一八四二年に生年が近い日本生まれの男性で、一八八〇年センサスを検索したところ、一六名がヒットした。ただし、従軍に関連する情報等があるような、南北戦争に従軍した日本生まれと思われる人物は、そのなかにみられなかった。

一九〇〇年センサス

南北戦争終結から三五年経過した一九〇〇年。この年のニューヨーク市マンハッタンに「キチユタロウ・タカリアディス（Kichutaro Takaliardis）」と書かれた男性の記録がみつかった。名前の読みは「キチュタロウ」が「キクタロウ」で、姓の「タカリアディス」は「タカヒラ」か「タカミヤ」か。彼は一八四三年二月生まれの五七歳。本人と両親ともに日本生まれで、職業はコック、人種は「ジャパニーズ」、既婚と書かれている。本人、父母ともに日本生まれの世帯主「ヒジロ・マツモト（Hiziro Martzmoto）」三四歳の下宿に、単身で「下宿人」として住んでいた。下宿には日本人ばかり九名が住んでいて、情報は世帯主マツモトから得られたものと考えられる。世帯主マツモトの職業は「仕立屋・下宿」と書かれ、マツモトの妻「マミー」は一八七七年ペンシルヴァニア州生まれであった。[70]

「キチュタロウ」に関して特に興味深い情報は、生まれが一八四三年二月で、移民の年が一八六〇年となっていることである。南北戦争に従軍した二人と生年が非常に近いのである。戦争の始まる直前の一八六〇年に移民していたことは、アメリカに来て「四〇年」との別の欄の回答によっても裏書される。一九〇〇年に五七歳であったので、一八六〇年に移民したときには一七歳だったことになる。マツモトの世帯の日本人のほとんどは一八九〇年代に移民していた。移民年に

chikuma primer shinsho

ちくまプリマー新書《さいしょのしんしょ》

★9月の新刊　●7日発売

435
はじめてのフェミニズム
デボラ・キャメロン
向井和美 訳

女性にはどんな権利が必要？「女の仕事」はどう生まれた？多様で複雑なフェミニズムの議論の歴史を、多様で複雑なまま、でもわかりやすく伝えます。

68462-2
968円

436
ランキングマップ世界地理
▼統計を地図にしてみよう
静岡県立富士東高等学校教諭
伊藤智章

人口はまだ増える？自然環境は大丈夫？ランキングと地図で可視化すると、これまでと違った世界がみえてくる。トリビアな話題から深刻な問題まで総ざらい。

68460-8
1034円

好評の既刊　＊印は8月の新刊

増えるものたちの進化生物学　市橋伯一　増える能力が生命を悩める存在へと変えた　68446-2　880円

偏差値45からの大学の選び方　山内太地　受験で勝つために「第2志望」を真剣に選ぶ　68449-3　902円

ナマケモノは、なぜ怠けるのか？——生き物の個性と進化のふしぎ　稲垣栄洋　地味な生き物たちの、冴えた個性と進化の話　68450-9　858円

嫌な気持ちになったら、どうする？——ネガティブとの向き合い方　中村英代　その気持ちの特徴を知って対処しよう　68451-6　880円

客観性の落とし穴　村上靖彦　数値化、エビデンス……、その背景を探る　68452-3　880円

「死にたい」と言われたら——自殺の心理学　末木新　自殺はなぜ起こり、どう対応するべきなのか　68453-0　880円

神さまと神はどう違うのか？　上枝美典　「神」についてモヤモヤしている人に　68454-7　946円

ナイチンゲール【よみがえる天才9】　金井一薫　新たな時代を切り拓き、改革に生きた人　68455-4　990円

特色・進路・強みから見つけよう！大学マップ　小林哲夫　偏差値、知名度ではみえない大学のよさ　68456-1　990円

＊悪口ってなんだろう　和泉悠　言葉の負の側面から、その特徴を知る。　68459-2　880円

＊10代の脳とうまくつきあう——非認知能力の大事な役割　森口佑介　10代で知っておきたい非認知能力を大解説　68458-5　946円

＊カブトムシの謎をとく　小島渉　（いまわかっている）カブトムシのすべて　68457-8　968円

6桁の数字はISBNコードです。頭に978-4-480をつけてご利用下さい。

9月の新刊 ●11日発売 ちくま文庫

狂言サイボーグ
増補新版

野村萬斎

野村萬斎の原点でござる。

七百年の歴史を背負う狂言師の身体はどのようにつくられたのか。狂言を生きることを率直に語り、伝統芸能の本質に迫った原点の書。 （河合祥一郎）

43901-7
902円

娘の学校

なだいなだ

「子どもを持つ」から「共に生きる」へ すべての親の必読書──ドミニク・チェン

幼い四人の実の娘たちに語りかける形で書いた著者の代表作。常識を疑い、自分の頭で考え抜くことを旨とする、寄り道多数の授業を展開する。

43905-5
924円

増補 戦う姫、働く少女

河野真太郎

ジブリの少女たちやディズニープリンセスは何と戦ったのか。現代社会の問題をポップカルチャーから読みとく新しい文芸批評。大幅増補で文庫化。

43909-3
990円

見習い天使 完全版

佐野洋 日下三蔵 編

機知横溢で完璧な構成美、意外な結末──小説としての面白さを求めたミステリ作家佐野洋の知る人ぞ知る傑作ショートショート集が完全版で復活。

43908-6
990円

原理運動の研究

茶本繁正

統一教会・原理研究会・勝共連合の実態、活動の背景など、今に続く問題を取り上げ1970年代にいち早く警鐘を鳴らした歴史的名著。 （有田芳生）

43892-8
924円

6桁の数字はISBNコードです。頭に978-4-480をつけてご利用下さい。
内容紹介の末尾のカッコ内は解説者です。

好評の既刊

＊印は8月の新刊

枯れてたまるか！
嵐山光三郎
還暦でスイッチを切りかえ、早くも20年。老人の毎日は思ったより忙しい。オサラバまでは全力投球！まだまだ元気に老年を楽しむエッセイ集。
43903-1 946円

生きていく絵●アートが人を〈癒す〉とき
荒井裕樹　堀江敏幸氏、柴田元幸氏、川口有美子氏推薦！
43856-0 990円

十六夜橋 新版
石牟礼道子　紫式部文学賞受賞の傑作、待望の復刊！
43860-7 1100円

82年生まれ、キム・ジヨン
チョ・ナムジュ　「これは、わたしの物語だ」
43858-4 748円

地理学者、発見と出会いを求めて世界を行く！
水野一晴　アフリカ、南米、ドイツ…調査旅行は冒険に満ちている！
43805-8 990円

しかもフタが無い
ヨシタケシンスケ　デビュー作を文庫化！
43875-1 880円

できない相談●piece of resistance
森絵都　描き下ろし2篇を加え、待望の文庫化！
43867-6 748円

風流江戸雀／呑々まんが
杉浦日向子　たのしい。おいしい。ほほえましい。
43873-7 858円

日本人宇宙飛行士
稲泉連　宇宙体験でしか得られないものとは？
43874-4 858円

台所から北京が見える●36歳から始めた私の中国語
長澤信子　36歳で中国語を始め、40歳で通訳に！　語学の名著
43880-5 924円

牧野植物図鑑の謎●在野の天才と知られざる競争相手
俵浩三　朝ドラで注目！
43885-0 880円

身近な植物の賢い生きかた
稲垣栄洋　クセが強いが頭のいい植物たちの生存戦略
43878-2 858円

ロシア語だけの青春
黒田龍之助　一人の高校生が人気語学教師になるまでの青春記
43889-8 902円

虐殺のスイッチ●一人すら殺せない人が、なぜ多くの人を殺せるのか？
森達也　集団は熱狂し、変異する。殺戮のメカニズムを考える
43881-2 858円

熊の肉には飴があう
小泉武夫　山はごちそうの宝庫だ！
43897-3 880円

＊**ワイルドサイドをほっつき歩け**●ハマータウンのおっさんたち
ブレイディみかこ　単行本10万部突破の話題作！
43890-4 836円

＊**羊の怒る時**●関東大震災の三日間
江馬修　激震の様子や朝鮮人大虐殺を描く記録文学の金字塔
43904-8 924円

6桁の数字はISBNコードです。頭に978-4-480をつけてご利用下さい。

9月の新刊 ●11日発売 ちくま学芸文庫

新編 民藝四十年

柳宗悦

最良の民藝の入門書『民藝四十年』に、柳が構想していた改訂案を反映させ、十五本の論考を増補。この一冊で民藝と柳の思想の全てがわかる。（松井健）

51205-5
2090円

増補改訂 境界の美術史

北澤憲昭

■「美術」形成史ノート

国家、制度、性、ジャンル、主体……。外在的な近代化から内在的なモダニズムへ。日本における「美術」概念の成立に迫った画期的論集。（中嶋泉）

51198-0
1870円

テクノコードの誕生

■コミュニケーション学序説

ヴィレム・フルッサー 村上淳一 訳

テクノ画像が氾濫する現代、コミュニケーションのコードを人間へと取り戻すにはどうすれば良いか。メディア論の巨人による思考体系。（石田英敬）

51206-2
1650円

中国の城郭都市

愛宕元

■殷周から明清まで

邯鄲古城、長安城、洛陽城、大都城など、中国の城郭都市の構造とその機能の変遷を、史料・考古資料をもとに紹介する類のない入門書。（角道亮介）

51208-6
1320円

Math & Science

初等整数論

遠山啓

整数論には数学教育の柱となる「構造」や「帰納と演繹」といった基本的な考え方が示されている。「楽しさ」を第一に考えた入門書。（黒川信重）

51207-9
1540円

6桁の数字はISBNコードです。頭に978-4-480をつけてご利用下さい。
内容紹介の末尾のカッコ内は解説者です。

9月の新刊 ●15日発売

筑摩選書

0263
北京の歴史
山形大学名誉教授
新宮学
▼「中華世界」に選ばれた都城の歩み

北京が中国の首都であり続けたのは、「都城」だったからだ。古代から現代まで、中華世界の中心としての波瀾万丈の歴史を辿り、伝統中国の文化の本質を追究する。

01782-6
2310円

0264
南北戦争を戦った日本人
東京学芸大学教授
菅(七戸)美弥／北村新三
神戸大学名誉教授
▼幕末の環太平洋移民史

米国の公文書記録によると南北戦争に日本人二名が従軍したという。鎖国下の日本を離れアメリカに生きた彼らの人物像と消息を追う、一九世紀の日本人移民の群像。

01781-9
1870円

好評の既刊 ＊印は8月の新刊

戦後空間史——都市・建築・人間
戦後空間研究会 編　戦後の都市・近郊空間と社会の変遷を考える
01769-7
1980円

寅さんとイエス【改訂新版】
米田彰男　反響を呼んだロングセラー、待望の改訂新版
01764-2
1980円

悟りと葬式——弔いはなぜ仏教になったか
大竹晋　悟りを目ざす仏教がなぜ葬祭を行なうのか
01770-3
1870円

日本政教関係史——宗教と政治の一五〇年
小川原正道　政教関係からみる激動の日本近現代史
01772-7
1870円

日本人無宗教説——その歴史から見えるもの
藤原聖子 編著　日本人のアイデンティティの変遷を解明する
01773-4
1870円

隣国の発見——日韓併合期に日本人は何を見たか
鄭大均　安倍能成や浅川巧は朝鮮でなにを見たのか
01774-1
1870円

実証研究 東京裁判——被告の責任はいかに問われたか
戸谷由麻／デイヴィッド・コーエン　法的側面からの初めての検証
01777-2
1870円

風土のなかの神々——神話から歴史の時空を行く
桑子敏雄　神はなぜそこにいるのか、来歴に潜む謎を解く
01776-5
1870円

古代中国 説話と真相
落合淳思　説話を検証し、古代中国社会を浮彫りに！
01778-9
1980円

南北朝正閏問題——歴史をめぐる明治末の政争
千葉功　南北朝の正統性をめぐる大論争を徹底検証
01779-6
1760円

＊**十字軍国家**
櫻井康人　多様な衝突と融合が生んだ驚嘆の700年史
01775-8
2090円

＊**関東大震災と民衆犯罪**——立件された二四件の記録から
佐藤冬樹　関東大震災直後、誰が誰を襲撃したのか？
01780-2
1980円

6桁の数字はISBNコードです。頭に978-4-480をつけてご利用下さい。

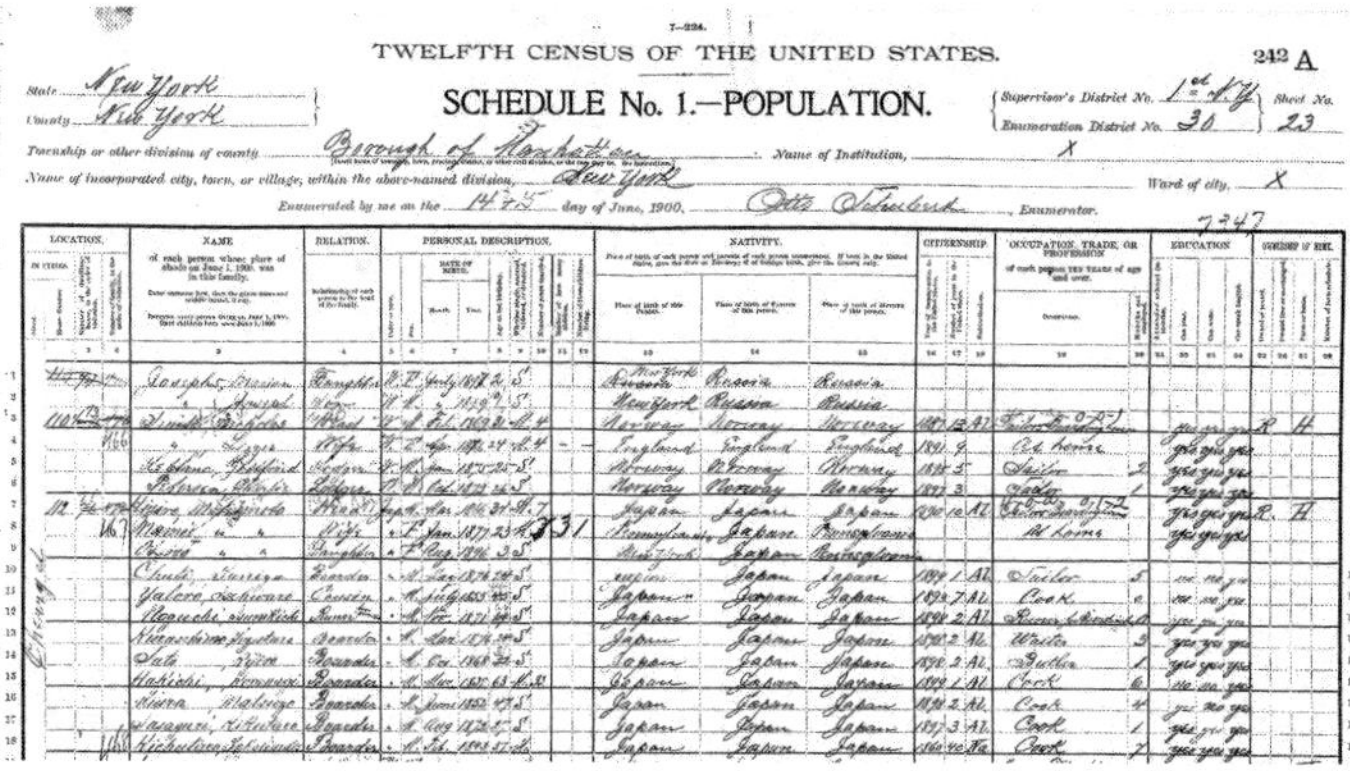
TWELFTH CENSUS OF THE UNITED STATES.

242 A

SCHEDULE No. 1.—POPULATION.

State New York

County New York

Township or other division of county Borough of Manhattan

Name of incorporated city, town, or village, within the above-named division, New York

Supervisor's District No. 1st N.Y.

Enumeration District No. 30

Sheet No. 23

Ward of city, X

Enumerated by me on the 14th day of June, 1900.

Enumerator.

LOCATION. NAME. RELATION. PERSONAL DESCRIPTION. NATIVITY. CITIZENSHIP. OCCUPATION, TRADE, OR PROFESSION. EDUCATION. OWNERSHIP OF HOME.

図表2−5　1900年センサス調査票

出典：Population schedule of the U.S. Census, E.D. 0030, New York, New York, 1900

ついてのこれらの記録は個別具体的で信憑性が高い。

また「キチュタロウ」は「帰化」したと書かれているが、彼以外の全員は外国人を意味する「AL」と書かれている。「帰化」は、その証拠になる書類をセンサス調査員に見せることになっていたので、「キチュタロウ」がアメリカ帰化市民になっていたのも確かであろう。当時、失業して七ヶ月と書かれているが、読み書きができるか、英語を話せるかの質問すべてに「イエス」と書かれていた。アメリカでの長い生活を反映し、同化の程度を図る質問にすべて「イエス」と記載されている人物である。[71]

とすれば、この人物がダンないしウィリアムズの可能性があるのではないか。むろん、アレクサンドリアの地元新聞記事にある通り二人のうちどちらかは戦争直後に亡くなっていたので、残り一人が一九〇〇年まで生存していたならば、ということになる。そのうち筆者はダンの可能性のほうが高いと考える。その理由としては、ダンは一八六三年に居住していたブルックリンで入隊していたことが挙げられる。そこで一八六〇年の咸臨丸からの脱落者であった若い水夫が、ブルックリンに何らかの形で来てからしばらく労働者として働いていたとの推測ができる。彼は三年ほど働いていたことで、土地勘が生まれたり仲間もできたりして、それが戦争後ニューヨークに戻る動機となったのではないだろうか。

一方のウィリアムズの可能性は低い。それは「一一〇日」が従来からの解釈通り、「アメリカに来て一一〇日」だとすると、渡米年が一八六四年となるからである。そして、彼は病院から除隊となったのち、アレクサンドリアにてしばらく住んでいて亡くなったのではないかと推測されるからである。

帰化関係その他の書類から

渡米年が南北戦争中(一八六二年)の記録がもう一つあった。一八九二年の帰化書類で、そこには元国籍は日本と書かれていた。

名前　ジェームズ・クック

職業　給仕

帰化した日　一八九二年一二月一六日
元国籍　日本
住所　ニューヨーク市フロントストリート三七
渡米　一八六二年
証人　ウィリアム・マクダヴィト、ニューヨーク市サウスストリート[72]

ジェームズ・クックとの欧米化した名前のため日本名は分からない。一九〇〇年センサス上の「キチュタロウ」とこのクックとが同一人物である可能性も排除はできない。ニューヨーク市フロントストリート三七との住所はブルックリンにある。よって「給仕」をしていたのは、家庭内ではなく軍艦内であった可能性がある。証人となったウィリアム・マクダヴィトの候補は何名かマンハッタンとブルックリンにいた。帰化申請の際に渡米年を偽ることはリスクが高く、その可能性は低いと思われる。とすれば、一八六〇年代はじめの渡米は、欧米の外交官に随行する場合にほぼ限られていたので、後述する密航ないし漂流によるものだったのか。または、遣米使節団から逃亡した人物だったか。いずれにせよ、キチュタロウとジェームズ・クックは、ダンやウィリアムズの生年と近いこと、移民年がそれぞれ一八六〇年と六二年であること、入隊したニューヨークの記録であることから、ダンかウィリアムズ二人のうちどちらかである可能性がある。

さらに恩給記録について、生まれた場所ではなく、名前と居住地で検索をしたところ、ニューヨークで一八九六年に申請をしていたサイモン・ダン（ただしスペルはDunne）がいた。このダンは、ニューヨーク第六九歩兵連隊に所属していて日本生まれのダンとは部隊が異なっていた。ジョン・ウィリアムズの名前では、ミドルネームが挟まない人物だけでもニューヨークに四四名該当者がいた。しかし、この中にニューヨーク第一騎兵連隊の人物はみられなかった。[73]

南北戦争の退役軍人団体「偉大なる共和国軍」のメンバーについての史料では、生まれた場所で検索することができ、事実、前章で触れた中国人ジョン・ハンの場合は、生まれた場所「広東」でヒットする。[74] しかし、「日本」生まれでは一人もヒットせず、二人はいずれも恩給申請をしなかったとみられる。幸運にも障がいが残るような負傷をしなかったからかもしれないが、たとえ負傷をしていたとしても、知り合いやコミュニティの支援がなく申請に至らなかったのではないだろうか。

救貧院と兵士のための高齢者施設の記録

加えてハワイ出身の人物、ジェームズ・ウッド・ブッシュの事例を参照にすると、日本生まれの二人が戦後、救貧院に入った可能性も視野に入ってくる。ブッシュは海軍に入隊し、一八六五年にブルックリンにある米国海軍病院から退院した。しかし、脊椎損傷が悪化し、マサチューセッツ州のブリッジウォーターにある救貧院に数年間入った。退役後ブルックリンから移動し、もともと住んでいたニューベッドフォードからさほど遠くない場所まで来たのである。彼はその後、健康を回復し故郷のカウアイ島に戻ることができた。そして警察官、道路監督官、看守、税務査定官、徴税人というように、さまざまな仕事をしたという。ここで注意すべきは、こうした帰国後の軌跡が、軍人恩給を申請していたことで初めて明らかになっている点である。[75]病院の記録しかないのと、恩給申請による聴聞等の細かな記録があるのとでは、情報の多寡に雲泥の差が出てしまうのである。アジア・太平洋系移民兵士のなかでも恩給申請をした人物についての語りに叙述が偏るのは、こうした事情が背景にある。

それでも一縷の希望をもって、救貧院の記録をみることとした。既述のように、南北戦争に従軍したある日本人が一八六七年に亡くなった場所はアレクサンドリアだったので、まずはアレクサンドリアの救貧院の記録を検証した。しかし、そこには日本生まれの人物の記録はなかった。次に、ブルックリン市、ニューヨーク市の救貧院の記録では、南北戦争に従軍した人物と同世代の人のものはみられなかった。ただ、一八八〇年代生まれで一九一〇年代に収容された日本生まれの男性は何名かいた。[76]その背景として、二人が入隊した場所であるブルックリンには世紀転換期になると、小さな日本人のコミュニティができたことがある。飯野朋美によればこの時期、アメリカ海軍の軍艦に勤務する日本人がかなりの数に上ったという。中国人排斥法の影響で、中国人を採用しなくなったことで、日本人にコックなどの仕事があっせんされた。[77]海軍勤務経験のある日本人の増加は、この時期の史料上にも反映されている。しかし、従軍した日本生まれの二人が戦後いた可能性の高いニューヨークとアレクサンドリアの救貧院に、二人は軌跡を残していなかった。

さらにニューヨーク州バースにあった、障がいを持った志願兵のためのホームの史料を検証した。ここには既述の中国人のジョン・ハンが入居していた。日本生まれの二人を探すため、全米各地のホームに入居した記録がないかどうか検証したところ、明らかに日本人と思われる姓名の六名が記録に残っていた。ただし、彼らは南北戦争ではなく後の戦争に従軍した人物ばかりだった。年齢が南北戦争の二人に最も近い、一八五六年生まれの「スキタロ・ハギハラ」は一八九一年にニューヨークで海軍に「新米水夫」として入隊していた。一九三一年にヴァージニア州ハンプトンのホームに入ったのはハギハラが七五歳の時だった。[78]「ラ（サ）キ・ヤマシタ」は、一九一五年にコックとしてワシントンDCから海軍に入隊し、一九一九年に除隊となっていた。ヤマシタは一九二九年にニューヨーク州バースのホームに入った。[79]ここはジョン・ハンと同じ施設だが、ハンは一九二三年に亡くなっていたので、時期的な重なりは二人の間にはなかった。

その他の記録――死亡証明書

前述の新聞の死亡記事から分かる通り、南北戦争に従軍した日本人が一八六七年一二月二八日に亡くなった。亡くなった事実は確かだとはいえ、日本名が分からないことがここでも大きな壁として立ちはだかり、アレクサンドリアでの死亡証明書を探しだすことができなかった。そこで『ヴァージニア州死亡登録簿』で、死亡年の一八六七年、および一八六八年にアレクサンドリアで亡くなった人物を幅広く検索した。生まれた場所が外国の人物は、アイルランド人が数名いたものの、日本人はいなかった。死亡が新聞で報じられたのはウィリアムズではないかと想定しているため、名前他の情報も細かくみたが、一八六七年、一八六八年の死亡者の記録のなかに本人と思われる人物は見当たらなかった。[80]

死亡証明書についてはヴァージニア州に限らず、一八四二年（前後）に日本で生まれ、死亡場所がハワイであった人を除いて広く検索すると二名がヒットした。このうち、一八七三年に亡くなった人物の死亡証明書の内容は以下の通りである。

名前　ミチカズ・ヨシバ・ナワ（Michikazu Yoshiba Nawa）
年齢　三二歳
生年　一八四二年
生まれた場所　日本
死亡日　一八七三年一二月一七日
死亡場所　デッドハムストリートウェスト、ボストン、マサチューセッツ州
職業　学生
父親　ダンエモン・ナイ（Danyemon Nai）[81]
母親　ガシ・ナイ（Gasi Nai）

ヨシバの父親の名前が「ダンエモン」と書かれていて、ダンと似たような音である。これはダンがアイルランド系の姓ではなかった可能性を示唆する。本人の職業は「学生」であったが、『海を越えた日本人名事典』の中に呼応しうる留学生の名前はなかった。しかも死亡証明書には移民年や他の情報は掲載がなく、従軍した日本人の一人と結びつけることはできない。

お墓（Find a Grave）の情報

最後に、お墓の情報についてである。アメリカのオンラインお墓情報データベース「ファインド・ア・グレーヴ（Find a Grave）」を検索したところ、ジョン・ウィリアムズとの名前で、一八六七年一二月二七日に亡くなった人物のお墓情報が見つかった。そのお墓はグレンウッド墓地といってホワイトハウスから北西に四・五キロほど行ったところにあった。このウィリアムズは新聞に掲載された日本人の死亡日の前日に亡くなっており、生まれた年も一八四一年で近い。しかしながら、彼はヒュー・ドーサン（Dossan）とのミドルネームを持ち、生まれが首都ワシントンだった。しかも一八四二年の洗礼の記録も見つかったため、日本生まれのジョン・ウィリアムズではないことが分かった。[82] また、生年が不明であるものの、一八七二年に亡くなった以下の日本人のお墓の情報もあった。

名前　ヤスタロウ・フカヅ・シゾク（Yasutaro Fookatz A Shizoku）
生年　不明
生まれた場所　日本
死亡日　一八七二年一〇月一〇日
墓地　セントジョンズ墓地
場所　ヨンカーズ、ウエストチェスター郡、ニューヨーク州[83]

フカヅの死亡場所のヨンカーズは、マンハッタンやブルックリンからほど近い場所である。「ヤスタロウ・フカヅ」の漢字は「深津」であろうか。名前は「安太郎」等、多くの漢字が考えられよう。ここで注目されるのは、墓碑銘にわざわざ「シゾク」、つまり「士族」と書かれていることである。日本における侍の出自の意味が分かる人間が追記したとしか考えられず、もしや、「侍の騎兵隊」の描写にぴったりの人物ではないかと考え、さらにほかの史料を探してみた。その結果、フカヅは一八五五年ごろから長崎で商売をしてい

写真2-2　ヤスタロウ・フカヅのお墓
出典：https://www.findagrave.com/memorial/196856437/yasutaro-fookatz_a-shizoku/photo

た、アイルランドからのアメリカ移民二世のウオルシュ商会の関係者であったことが分かった。トーマスとジョンの二人を中心とするウオルシュ兄弟は、横浜と神戸での商売を展開し、一八五九年から六五年までジョンはアメリカ合衆国初代長崎駐在領事も務めた。

なぜヨンカーズにフカヅのお墓があったのかというと、それはウオルシュ四兄弟の出身地だったからである。そしてウオルシュ家コレクションの目録には、フカヅは一九歳で亡くなったとの記録が残されていた。[84] 一八七〇年のセンサスでは「ヤスタロウ・フカヅ」の記録はないが、お墓情報と目録の二つの史料を照合すると、南北戦争中では一二歳前後で若すぎる。そのため候補からは外れる。次章では幕末に外国人に伴ってアメリカに移住した人物をみていくが、「フカヅ」の場合年齢から言って幕末か明治になってからすぐの移動の可能性が高いと思われる。

二人についてわかったこと――まとめ

以上、従軍記録と新聞記事、そして同時代の複数の史料を検証してきたが、日本生まれの二人の本名、出身地などのプロフィールが明確になったわけではない。膨大なオンライン史料の検索に際しては、欧米風の名前が最も大きな壁となった。

もう一つの大きな壁は、南北戦争に従軍した二人が単身でこの地に来ていたことによる。二人が入隊した場所ブルックリンに小さな日本人のコミュニティができたのは、世紀転換期であった。南北戦争時には、二人が頼るべき同胞や戻ることのできるコミュニティは存在しなかった。それゆえに、生まれ年が前後する人すべて、亡くなった年が前後する人すべて、移民年が前後する人すべて、そして少なくとも亡くなった日が分かるアレクサンドリアで同時期に亡くなった人等々すべてに向けて検索の矢を放った。

二人は誰か、との問いに対して、現時点での推定を述べておこう。ワシントンDCで入院したウィリアムズは、騎兵隊の除隊にあわせて近隣のアレクサンドリアに向かい、その後まもなく亡くなったのではないだろうか。その場合、一八七〇年センサスに記録があったジャック・ウィリアムズの記録は、非常によくみられる一般的な名前が、偶然にも別の日本生まれの人物につけられたということになるのであるが。

一方のサイモン・ダンはといえば、彼はニューヨークに戻ったのではないだろうか。一九〇〇年のセンサスには、一八六〇年に移民した日本人の記録がニューヨークで残されていた。センサスに書かれた記録からみれば、その人物の名の音は「タカヒラ・キクタロウ」に近い。彼は、一八四三年二月生まれで、従軍記録の二人に生年が近い。一八六〇年に移民したのだとしたら、密航者、漂流者、咸臨丸からの脱落者のいずれかであろう。彼は帰化市民となっていたようであるが、これも南北戦争に従軍したからこそ可能となったのではないか。これが二人に近づくべく種々史料を検証した現時点での考えである。

また、本章では扱わなかったが、二人が入隊して接点があったと思われる連隊のメンバー全員の個人的な記録を探ることも、数年がかりで共同研究として調査すれば不可能ではないかもしれない。ウィリアムズに代替兵を頼んだ地元で信頼された一般市民、ベイリーの個人的な手紙を探し出せば何かが分かるかもしれない。しかし、前章で述べたハワイのサミュエル・チャップマン・アームストロング准将とケ・アロハの出会いのような、日本に縁のある人物と日本生まれの二人との会話を記した奇跡のような史料には、今回出会うことがなかった。

1 Simon Dunn, New York, U.S., Civil War Muster Roll Abstracts, 1861-1900, 100th Infantry, 427, 158th Infantry, 501.
2 Peter Levine, "Draft Evasion in the North during the Civil War, 1863-1865," *Journal of American History*, 67(4), (March 1981), 81.
3 ファウスト、前掲書、一八頁。
4 *Brooklyn Union*, November 16, 1863, 1.
5 Douma, Rasmussen and Faith, "The Impressment of Foreign-Born Soldiers in the Union Army," 100.
6 Ibid., 89-90, 92-95, 99.
7 Ibid., 88-89.
8 *Brooklyn Union*, November 16, 1863, 1.
9 シリング、前掲論文、六三頁。
10 Simon Dunn, Co. E, 158th Reg't N.Y. Infantry, Company Muster Roll for March and April, 1864, CMSR, NARA.
11 シリング、前掲論文、六六頁。

12 E. A. "Bud" Livingston, *Brooklyn and the Civil War*, Charleston, SC: The History Press, 2021, 12, kindle.

13 *Unit Roster, 158th Infantry Regiment*, 361. https://dmna.ny.gov/historic/reghist/civil/rosters/Infantry/158th_Infantry_CW_Roster.pdf, 二〇二三年一〇月二一日最終閲覧。

14 シリング、前掲論文、六三頁。

15 Simon Dunn, Co. E, 158th Reg't N.Y. Infantry, Detachment Muster Roll for May and June, 1865, CMSR, NARA.

16 シリング、前掲論文、六二頁。

17 川合彦充『日本人漂流記』文元社、二〇〇四年（初版は一九六七年）、三七六―三八三頁。

18 Meier, "Civil War Draft Records," 二〇二一年一月一三日最終閲覧。

19 New York, U.S., Civil War Muster Roll Abstracts, 1861-1900, 206.

20 https://museum.dmna.ny.gov/unit-history/cavalry/1st-cavalry-regiment, 二〇二一年四月二八日最終閲覧。

21 *Annual Report of the Adjutant-General of the State of New York for the Year 1894*.

22 Shively, ed., *Asian and Pacific Islanders and the Civil War*, 86-87.

23 テリー・シマ氏からのメールによる。二〇二〇年七月二二日。

24 Luskey, *Men is Cheap*, 156-157.

25 Shively, ed., *Asian and Pacific Islanders and the Civil War*, 87.

26 "A Buffalo Soldier and His Horse," https://home.nps.gov/foda/learn/education/upload/Lesson%20-%20A%20Buffalo%20Soldier%20and%20His%20Horse%20Student.pdf, 二〇二三年八月八日最終閲覧。

27 文倉平次郎『幕末軍艦咸臨丸』巌松堂、一九三八年、二〇一頁。

28 赤松範一編注『赤松則良半生談 幕末オランダ留学の記録』平凡社、一九七七年、一一四―一一五頁。
本書の八一―八三頁に福沢諭吉談が載せられている。

29 John Williams, Muster and Descriptive Roll of a Detachment of U.S. Vols. Forwarded, CMSR, NARA.

30 Shively, ed., *Asian and Pacific Islanders and the Civil War*, 86.
31 Ibid., 88.
32 ドリス・カーンズ・グッドウィン（平岡緑訳）『リンカーン 中 南北戦争』中央公論新社、二〇一三年、三五二―三五四頁。
33 ファウスト、前掲書、一二四頁。
34 同右。
35 同、一三八頁。
36 同、一四〇頁―一四一頁。
37 John Williams, Individual Muster-out Roll, CMSR, NARA.
38 Luskey, *Men is Cheap*, 4.
39 Ibid., 203-204.
40 *Brooklyn Daily Eagle*, July 20, 1864, 1.
41 *Brooklyn Daily Eagle*, July 26, 1864, 2.
42 *Brooklyn Union*, August 1, 1864, 1.
43 *Brooklyn Union*, August 23, 1864, 2.
44 *Brooklyn Union*, August 27, 1864, 1.
45 Ibid.
46 *Brooklyn Daily Eagle*, May 11, 1864, 2.
47 該当する頁の地区は、8th sub district (13th ward) のものと書かれている。U.S. Civil War Draft Registrations Records, 1863-1865, New York, 3rd, Vol. 4 of 5, 70.
48 該当する頁の地区は、7th sub district (11th ward) のものと書かれている。Ibid., 58.
49 該当する頁の地区は、3rd sub district (3rd ward) のものと書かれており、第一グループ専用の用紙に記入されている。Ibid., Vol.1 of 5, 41.

50 "An Act for enrolling and calling out the national Forces, and for other Purposes," *Congressional Record*, 37th Cong. 3d. Sess., March 3, 1863.

51 居住地をブルックリンで検索した結果から。U.S., Civil War Draft Registrations Records, 1863-1865.

52 Population schedule of the U.S. Census, Brooklyn, Ward 13, District 2, Kings, New York, 1860, 24.

53 この住所から海軍工廠までを行き先として、二〇二一年八月時点、グーグルマップで徒歩の時間を算出した。当時の道路事情等は考慮できないため参考情報であるが、一八六〇年の時点でも徒歩圏の近所であったことは間違いない。

54 *Times Union*, November 27, 1893, 4.

55 *Brooklyn Daily Eagle*, November 27, 1893, 10.

56 Luskey, *Men Is Cheap*, 3-5.

57 *New York Herald*, February 8, 1865, 5.

58 *Buffalo Commercial*, February 8, 1865, 1, *New York Times*, February 8, 1865, 1.

59 Luskey, *Men Is Cheap*, 114-115.

60 William H. Beach, A.M., *The First New York (Lincoln) Cavalry: From April 19, 1861 to July 7, 1865*, New York: The Lincoln Cavalry Association, 1902, 529-534.

61 Ibid., 530. *New York Times*, June 29, 1865, 2.

62 "Death of a Japanese," *Alexandria Gazette and Virginia Advertiser*, December 30, 1867, 3および*New York Herald*, January 4, 1868, 5.

63 菅（七戸）『アメリカ・センサス』三一一―三一三頁。

64 同、三三六―三五五頁。

65 Population schedule of the U.S. Census, District 4, Kent, Maryland, 1870, 26.

66 Population schedule of the U.S. Census, District 1, Kent, Maryland, 1850, 5.

67 Population schedule of the U.S. Census, District 1, Kent, Maryland, 1860, 27.

68 Population schedule of the U.S. Census, District 4, Kent, Maryland, 1870, 11.

69 Population schedule of the U.S. Census, E.D. 53, Charleston, Kent, Maryland, 1880, 7.

70 通りの名前はチェリーストリートと書かれている。

71 Population schedule of the U.S. Census, E.D. 30, New York, New York, 1900, 45.

72 *U.S. Naturalization Record Indexes, 1791-1992 (Indexed in World Archives Project)*.

73 *Civil War Pension Index: General Index to Pension Files, 1861-1934*.

74 *New York, Grand Army of the Republic Records, 1866-1931*.

75 Shively ed., *Asians and Pacific Islanders and the Civil War*, 170.

76 *New York, New York, U.S., Almshouse Ledgers, 1758-1952*.

77 飯野朋美「アメリカ社会に埋もれた一世 二〇世紀転換期ニューヨークの日本人労働者たち」「人の移動とアメリカ」研究プロジェクト編『エスニック・アメリカを問う「多からなる一つ」への多角的アプローチ』彩流社、二〇一五年、四四—四五、五七—六二頁。

78 *Historical Register of National Homes for Disabled Volunteer Soldiers, 1866-1938*, Hampton, Virginia, 703.

79 Ibid., Bath, Steuben, New York, 649.

80 *Virginia, Death Registers, 1853-1911*.

81 *Massachusetts, Death Records, 1841-1915*.

82 John Hugh Dawson Williams, https://www.findagrave.com/memorial/153023172/john-hugh_dawson-williams, 二〇二三年一〇月二七日最終閲覧。*Washington, D.C., Select Births and Christenings, 1830-1955*.

83 https://www.findagrave.com/memorial/19685437/yasutaro-fookatz_a-shizoku, 二〇二一年五月二日最終

閲覧。

84 “Walsh and related family material (including Japanese Walsh descendants), 1773-2004,” https://concordlibrary.org/special-collections/fin_aids/beecher_bartram#6d, 二〇二二年三月一三日最終閲覧。

第3章

漂流者・密航者たち

1　漂流者たち

二人は漂流者・密航者だったかもしれない

一八五四年の日米和親条約によって下田と箱館が開港することとなり、一八五八年にはいわゆる安政の五カ国条約によって、神奈川、長崎、新潟、兵庫の開港が決まる。しかし、開港後も日本人の外国への移動は非常に制限されていた。江戸時代の長きにわたって、移動を余儀なくされた漂流者の場合、目的地への航路から外れ漂流した後、自分の船が漂着したり、洋上で救助されたりして命が助かっても、帰国できるとは限らなかった。本書が対象とする一九世紀中葉には、香港、ハワイ、上海などに住み続けざるを得ない漂流者がいた。

密航者の場合はこれとは全く事情が異なり、大体が欧米人の助けを借りて目的をもって船にもぐり込んだ。そして、欧米の外交官や商人の使用人として同行した者たちがいた。ただし商人に同行することは認められていなかったため、外交問題化することがあった。

ただ、漂流にせよ密航にせよ、日本からニューヨークへは、太平洋航路をたどったとは限らなかった。一八六九年に大陸横断鉄道が完成するまでは、サンフランシスコからニューヨークまでの陸路の道のりは険しく時間がかかり、パナマ地峡経由の船便は費用がかさんだからである。また、密航者の場合、上海や香港からインド洋を経て、ヨーロッパを経由し、大西洋を越えてニューヨークに到着した可能性も大いにある。

序章で提示した通り、ブルックリンで入隊したサイモン・ダンとジョン・ウィリアムズの二人は、このような元漂流者ないし元密航者であった可能性がある。サイモン・ダンが入隊したのは一八六三年一二月七日、ジョン・ウィリアムズが入隊したのは一八六四年八月二五日。特に、サイモン・ダンは徴兵法の成立前に入隊しているため、元漂流者の可能性が高いように思われる。それまでの職業が「労働者」と書かれていて、自らの意志で入隊した、ないしは入隊せざるを得ない状況にあったとみられるからである。その点、ジョン・ウィリアムズの入隊時には、おそらく、この国にまたはニューヨークに来てから「一〇日」と書かれている。これは彼の職業欄の記載が空欄であったことと呼応している。

二人の日本人の実像に近づくため、本章ではまず、漂流とその後の移動の経路について、複数の人物の事例を挙げて確認しておこう。日本への帰国が叶わなかった（またはしなかった）漂流者を助けた恩人はどのような人物で、どのような思いや思惑があったのだろうか。また、漂流者にとっての引き返すことのできない分岐点は何だったのか。そのことを考えるため、漂流者たちの自助の形、その後の人生の波乱、人間像についても概観しておくこととしたい。

漂流の場合

江戸時代の漂流は、海上輸送に従事する大型船である廻船が悪天候で難破して起きることが多かった。時期は冬期、場所は広大な太平洋で多く発生した。特に、寄港する場所がなかった伊勢から下田までの洋上に多くの海難事故が集中したという。本書が対象とする一九世紀中葉には捕鯨業が最盛期を迎えたため、太平洋で日本人漂流者を救助したのはアメリカ船籍が多かった。[1]

船舶運航の自動化を研究した杉崎昭生は「歴史的には消えてしまう漂流、埋もれた漂流が、太平洋領域では……かなりあったのではないか」と述べた。[2] 奇跡的に生き残った漂流者の記録の陰には、数多の海の藻屑となった人々がいたのである。南へ流れた場合の到達の限界はミンダナオやパラオあたりだったようで、マニラで華僑に助けられて帰国できた事例もあったという。また貿易船や捕鯨船の重要な寄港地ハワイは、救助された「日本人漂流者には縁の深い土地」であった。一方漂流研究者の川合彦充は「ハワイ諸島に漂着した例が少ないのは、やはり帰国した者が少なくて、日本側に〔記録が〕残される機会に恵まれなかったからであろう[3]」と述べている。ハワイへの漂流者も、日本に戻った漂流者に対する記録として残っていなければ、歴史のなかに埋もれてしまうのである。よって「埋もれた漂流」者のなかには、漂着したとしても日本人との直接・間接の接点がないまま、現地に残留した人々も多数いたであろう。[4] そのような人々のなかから、南北戦争さなかのニューヨークにたどりついた人物がいたとしても、不思議ではない。

日本生まれの二人の人物は、南北戦争にそれぞれ単独で入隊した。当時、ニューヨークにおける日本人はほぼ確実に彼らしかいなかった。二人が（またはどちらかが）元漂流者であったならば、漂流後にどのような経緯を経て、どのような思いで、入隊したのだろうか。この問いに近づくため、南北戦争までの時代に太平洋の移動を余儀なくされた、漂流者の音吉、庄蔵、万次郎らをみていく。彼らは生まれが南北戦争に従軍した二人の生年よりもずっと早い。しかし、漂流者にとって人生の分岐点はどこにあったのかを映す鏡となるため、彼らの移動の経路と経験を以下、具体的に考えていきたい。

漂流者のコミュニティとモリソン号事件

まずは音吉についてである。音吉は一八一九年尾張（現在の愛知県西部）の生まれ、ニューヨークで入隊した二人よりも生まれが二〇年ほど早い。一八三二年に、鳥羽から江戸へ向かう途中船が難破、一四ヶ月間太平洋を漂流し、現在のアメリカ・ワシントン州にあるフラッタリー岬にたどり着いた。宝順丸の一三名のうち、生き延びたのは当時一四歳前後の音吉を含め三名だけだった。保護された彼らはハドソン湾会社の費用で日本に送られることとなり、対日通商の切り札と目された。一八三六年からはドイツ生まれの宣教師カール・ギュツラフの自宅で聖書の翻訳に従事しながら、マカオで帰国を待つこととなった。

ここに別の漂流者、肥後（現在の熊本県）の庄蔵と力松が加わった。庄蔵は一八一〇年の生まれ。音吉よりも一〇歳ほど年長である。一八三五年、庄蔵を船頭とする船に、一四歳の力松と、寿三郎、熊太郎が乗り、総勢四名で九州天草から出航した。船は漂流し、庄蔵らはルソン島に漂着した後にマカオに送られた。そこで、ギュツラフ宅に引き取られ音吉らと一緒に過ごすことになったのである。加えて、アメリカ人牧師・外交官・中国学者のサミュエル・ウェルズ・ウィリアムズも日本人漂流者を雇った。後述のように、ウィリアムズは一八五三年および五四年に来航したペリー艦隊の通訳であったことでも知られる。

一八三七年、このギュツラフとウィリアムズが中心となり、アメリカ商船モリソン号にて音吉ら七人の帰国を企図した。ところが異国船打払令により、浦賀沖と鹿児島湾で砲撃されて、帰国を断念せざるを得なくなった。これが世にいうモリソン号事件である。

音吉のその後

音吉はのちに上海でイギリスのデント商会に勤めた。そこで最初の結婚をしている。この最初の妻との間には娘メアリーが生まれたが、四歳九ヶ月で他界、妻もその後、他界したという。現地での結婚は、漂流者、広くは移住者の定住につながる分岐点である。一八四九年にイギリス艦隊通訳として浦賀に来航した際、音吉はおそらく保身から中国人を装っていた（図表3‐1参照）。ここでは浦賀奉行田中信吾が、音吉が「卑賤の身分」であることを理由に質問への回答を拒絶したエピソードが残っている。[5] 音吉が欧米社会に「同化」し、活動を広げるなかで、このように

「卑賤の身分」として扱われ身分制の壁を再認識させられたことは故郷への幻滅につながったであろう。

音吉の再婚相手のルイーザとの間には、一男二女がいたという。[6] ルイーザはシンガポールの出身であった。音吉は一八五一年より始まった太平天国の乱で混乱した上海を逃れ、六二年、妻の故郷であるシンガポールに再移住した。その直後に、シンガポールを経由した幕府の文久遣欧使節（第4章でのべる池田使節団）の通訳を訪ね、福沢諭吉や森山栄之助らと懇談した。音吉は、自身の戦争経験や清国の状況などを福沢たちに説明したという。[7] イギリスに帰化しジョン・マシュー・オトソンと名乗った六四年から三年後、六七年にシンガポールで亡くなった。一八七九年、息子のジョン・W・オトソンが来日して神奈川県へ入籍を願い出た。春名徹によれば、「混血の息子を『日本人民の籍』に入れることが、漂流後の半生を外国で過ごした音吉の最後の意思表示だった」。[8] 死ぬまで望郷と日本人のアイデンティティも持ち合わせたというのが、春名が描写す

図表3-1　イギリス軍艦マリナー号で浦賀に来た音吉（林阿多）1849年
出典：「海防彙議補」（国立公文書館蔵）

る音吉の心持ちである。

庄蔵と力松のその後

次に肥後の庄蔵と力松についてである。庄蔵は香港において洗濯業を通じて成功し、また力松は『フレンド・オブ・チャイナ』新聞に勤めるようになったようである。[9] 後述の田原出身の作蔵や勇次郎を含む、漂流者の帰国後の記録に庄蔵と力松が度々登場する。それは彼らが、日本人漂流者が現れるとその世話に尽力したからである。

庄蔵らに世話になった者には、栄力丸の彦蔵（浜田彦蔵、以下ヒコとする）らも含まれた。彼らが香港に着いたのは一八五二年のことであり、モリソン号事件から一五年の歳月が経っていた。

……其夜は庄蔵に行て逗留せり、此庄蔵と申者は力松と同船して流され、此地留まり英吉利へはいり居たるが、此節は人夫拾人計連れ亜墨利加カラホーナイへ働きに行し留守なれども、其女房至て心よきものにて、いと懇ろに世話し呉れば、皆々も頼母敷思ひ、此夜止宿して欠落の相談をぞ致しける。[10]

ここで特に注目されるのは、庄蔵が人夫を一〇人も連れたうえで、「カラホーナイ」（カリフォルニア）に働きに行っていたというくだりである。漂流者がいったん定住した後に、アメリカへ

「働きに行し」という形で、再移動がみられたことが分かる。一八五二年のカリフォルニア州センサスの調査票を詳しくみると、サンフランシスコにおける中国人の人口は四〇〇〇人を超えており、同市にはチャイナタウンが生まれつつあった。また、別の漂流者によれば、庄蔵は「合戦の中に不計金銀を拾ひ溜め、治平の後巨商と成たる人[11]」との語りもある。香港で「巨商」として成功していた庄蔵は、サンフランシスコでも洗濯業ないし縫製業を展開していたのかもしれない。サンフランシスコの初期中国人移民史に元漂流者の庄蔵がどのような形で関係していたのか、非常に興味深い。

「アメリカ国」の妻との結婚

一八五四年にも庄蔵は、後述する田原の漂流者、作蔵と勇次郎を大変親切にもてなした。庄蔵の妻は、「『アメリカ』国より此地に来り居し女」性で、男児が一人あるということであった[12]。妻は、マレー人とも中国人とも書かれることもある。アメリカへ移民して香港に再移住していたのか、彼女の背景については現在のところ分からない。

力松もまた、「アメリカ国のもの」と結婚し、子どもが三人生まれた。ヨーロッパ系であったようだ[13]。そして一八五四年の日英和親条約調印時に、力松はジェームズ・スターリング提督（イギリス代表）に同行し、一時帰国を叶えた。その行先は箱館と長崎であった。力松の出身は天草であったから、長崎に寄港した折に父母を呼び寄せたいという希望を日本側の役人に出した。しかし彼の態度があたかも対等の身分かのごとくであったため、「身分の違い故に」無視されたという。[14]

このように庄蔵と力松は地元の中国人ではなく、「アメリカ国」の女性と結婚した。なかでも独自の考えを持っていたとされる力松は、一八五二年には栄力丸の漂流者に対して香港永住を勧めたが、そのような選択肢を論外と思う栄力丸の者たちから敬遠されてしまうこととなった。春名によれば、力松は漂流時に若かったため、いち早く身に着けた国際性ゆえに、小さな日本人コミュニティのなかで孤立していたという。[15]また、幕府の役人に対してひれ伏して帰国を乞うのではなく、対等に交渉したことが災いし、かえって願いを叶えることができなかった。[16]これは力松に限ったことではなく、「卑賤の身分」の音吉への奉行の拒絶にもみられたことだった。つまり、上白石実がいうように「民衆が憐れな存在として振る舞う限りにおいては仁政論を掲げて憐れみをかけるが……たとえ日本人であってもひとたび幕府が想定した憐れむべき民衆像を飛び出してしまうと、とたんに胡散臭い眼でみる」姿勢による元漂流者への拒絶であった。[17]

庄蔵と力松の移動と再移動

漂流者にとっては、世話になったアメリカ人牧師は命の恩人であり、それゆえもあって多くがキリスト教信者となった。救助後にお世話になった恩人や居住した国への恩義と日本への幻滅とは表裏一体であっただろう。むろん、こうした背景を頼りに、消息を絶った庄蔵と力松が南北戦争に参加したと考えているのではない。それはあまりに飛躍している。一八六〇年代には庄蔵は五〇歳を超えていたので、年を取り過ぎている。

ただし、漂流者のその後の移動という意味では、二人の香港での生活は示唆が大きい。音吉が一八六二年に太平天国の乱を避けて上海からシンガポールに再移動したように、既に香港でそれなりの財を成した二人が、他の機会を求めて再移動した可能性がある。しかも庄蔵がカリフォルニアに働きに行ったことが、漂流者の記録を通じて分かっている。よって、彼らが再定住した先にアメリカが入ると考えても全くの飛躍ではないだろう。

庄蔵と同じ船の漂流者のうち、熊太郎は、一八四三年、マカオのウィリアムズ宅にいたことが確認された後、消息不明で、間もなく亡くなったといわれる。寿三郎はアヘン中毒で一八五三年に亡くなった[18]。庄蔵の記録は一八五五年以降なく、謎である。力松はというと、一八五五年に英艦隊に同行し一時帰国を果たす。一八五八年、漂流した尾張の商船が、サンフランシスコでヒコの支援を受けて香港に来たが、その際通訳をした。それが彼に関する最後の記録であり、その後の「消息は杳として知れない[19]」という。いったんは記録に生き生きと残った力松、そして庄蔵も、ここにおいて「埋もれた漂流」者になってしまった。その理由は、日本に戻った漂流者への聞き取りの中で、彼らへの言及がこの後みられないからである。加えてウィリアムズとも没交渉になったほか、別の欧米の商人や牧師による記録も見つかっていないことにもよる。ただし香港では墓碑が見つかっていないとのことで、やはりアメリカなどに再移住した可能性も否定できないように思われる。[20]

ジョン万次郎――地球を二周した人物

一九世紀半ば、それまではまず助からなかった太平洋での漂流者が、捕鯨船によって救助されることが増えた。ジョン万次郎らへの救助はそのような事例である。万次郎は一八二七年土佐の生まれで、一八四一年、カツオ漁の船が難破、漂流していたところ、アメリカの捕鯨船ジョン・ハウランド号（ウィリアム・ホイットフィールド船長）に救助された。万次郎以外の四名は船が寄港したハワイに残留した。

捕鯨航海終了後の一八四三年、万次郎はマサチューセッツ州の捕鯨業の中心地ニューベッドフォードの対岸にあるフェアヘイヴンの船長宅に引き取られた。現地の学校にも通えることとなり、測量や数学など航海のための知識を学ぶ機会を得た。これらは、南北戦争に従軍した二人の生まれた年の少し後のことである。

その後、万次郎は、英語や航海術を学び、捕鯨船で副船長にまでなった。また、自分たちの帰国のための資金を得ようとカリフォルニア州のゴールドラッシュに加わることとした。フェアヘイヴンを出港したのは一八四九年一〇月、南米のケープ岬を回ってチリを経由し、サンフランシスコに到着したのは翌年五月下旬であったという。[21]

万次郎はたぐいまれなる才覚と才能の持ち主であった。その万次郎が琉球経由で日本に戻ることができたのは一八五一年のこと。薩摩藩や故郷の土佐藩で英語教授を行い、さらにペリーとの交渉に際し幕府にアメリカ事情が必要であったため、幕府直参の旗本に取り立てられた。そして一八六〇年には咸臨丸に通弁主任として乗り込んだ。当然ながら、万次郎の英語は他の者とは比べものにならないぐらい高いレベルにあった。しかも、はじめて太平洋横断に臨んだ他の乗組員とは異なり、捕鯨船副船長として地球を二周していた航海術はアメリカ側から高く評価され、またそれを発揮する場面もあった。しかし万次郎は中傷や嫉妬の目を恐れながら用心深く行動していたようである。帰国後、南北戦争と時期が重なる一八六一年からは、小笠原諸島の開拓調査、捕鯨活動、江戸での英語教授、一八六四年からは薩摩藩の教授に就任した。

万次郎の乗馬の経験

ただし万次郎は南北戦争に従軍した日本人からは除外される。年齢が上であるだけなく、南北戦争中にアメリカにはいなかったためである。しかし、万次郎の経験には興味深い点がある。それはお世話になったホイットフィールド船長の家族の農場で働くことを通じて万次郎は乗馬ができるようになった、との指摘である。[22]

繰り返しになるが、日本生まれの一人ジョン・ウィリアムズが入隊したのは騎兵連隊であった。そこで乗馬が出来た人物像として侍の可能性が提示されるわけである。たしかに江戸幕府の身分制のもとで、軍事技術である乗馬ができたのは、高位の武士に限られていた。しかし、ウィリアムズの入院中の記録にある「一〇日」を「アメリカに来てから」ではなく「ニ、ユ、ー、ヨ、ー、ク、に来てから」一〇日間しか経っていない、と解釈するとどうだろうか。ジョン・ウィリアムズは万次郎同様に、アメリカでの一定期間の滞在と経験によって、騎兵隊に入隊するための技術を身に着けた人物だった可能性が浮上してくる。つまり騎兵連隊に入隊したことだけをもって、ジョン・ウィリアムズが武士であったとは、この点からみても断じることはできないのである。

作蔵と勇次郎

万次郎が帰国を果たした後の一八五一年。この年に、ニューベッドフォードを出港した捕鯨船アイザック・ハウランド号に救助された日本人がいた。田原の永久丸の四人、船長の岩吉（六六歳）、水夫の善吉（四〇歳）、水夫の作蔵・勇次郎（ともに二一歳）である。救助したのは万次郎らを救った船と同じハウランド社が所有する船であった。

船長は、妻子のある岩吉と善吉とをハワイから日本に戻したので、捕鯨船には作蔵と勇次郎が残された。その後の彼らの移動は以下のように要約される。

アイザック・ハウランド号は、水主の作蔵・勇次郎を使役して、捕鯨を行い、ホーン岬を経て一八五三年四月にニューベッドフォードに着いた。作蔵・勇次郎は、ニューヨークやボストンを経て、八月に便船を求めてボストンを出帆、ホーン岬、バルパライソ、ガラパゴス諸島を通り、六月にサンフランシスコに着いた。[23]

二人はサンフランシスコで香港行きの便船に乗り換え、一八五四年一一月に香港に到着。香港では既述の通り、肥後の庄蔵らの世話になり、一八五五年一二月一二日に、下田奉行に引き渡された。[24]帰国後、二人は武士として取り立てられ、作蔵は白井勝蔵となり「海外での航海の経験を活かし田原藩が建造した西洋型の帆船順応丸の指揮監督を務め、藩の国内輸送等で活躍」したという。[25]

図表3-2　本船に鯨魚を引寄せ脂皮を突切図
出典：『漂民聞書』田原市博物館蔵

ニューヨークやボストンを含めた彼らのアメリカ国内・外での移動は、南北戦争に従軍した二人のたどったルートを探る際に、参考になる。そこで帰国後に作られた作蔵と勇次郎の『漂民聞書』から、二人の軌跡を細かくみてみよう。

ただし、ここでは二人が単独で動いていたのではないことに注意が必要である。彼らの移動は恩人というべき二人の人物がいたからこそ可能となった。その一人は、『漂民聞書』において、「ジョンス」という名で語られている船主である。[26]ただ、記録では船長の名前はデーヴィッド・ポーター・ウエストで、天野敏規によれば船主の「ジョンス」との関係は不明だという。[27] いずれにせよ、「ジョンス」と呼んでいた船長が一人目の恩人ということになる。船長ウエストについて一八六〇年のセンサスをみてみると、彼はマサチューセッツ生まれの四〇歳。フェアヘイヴンにおいて、職業は「船員」で、妻と思われる女性と母親と同居していた。資産欄の記載はない。[28]

もう一人の恩人が「ヌウベッフェの富豪」で「ロブシ」と呼ばれた、アイザック・ハウランド号の持主、アイザック・ハウランドJr.会社社長のエドワード・M・ロビンソン。先にも触れたように万次郎を救助した船も所有していたハウランド一族は、ニューヨークの有力商社ハウランド&アスピンウォール社の創業家で、一八四八年の太平洋郵船設立の際には中心メンバーとなったことでも知られる。ロビンソンはハウランド一族の娘と結婚していた。彼についての作蔵らの語りは正しく、一八五〇年のセンサスにおいて、六万ドルと記録された不動産資産額は、近隣でも群を抜いて多かった。[29] 二人が言うように彼はまさに「富豪」であった。

「ジョンス」船長やロビンソンは、山田哲夫も指摘するように万次郎の恩人ホイットフィールド船長同様、漂流者を教育しようとした可能性が高い。[30] 事実、『漂民聞書』には、「ジョンス」による二人への支援が随所に語られている。また社長のロビンソンには、親会社ハウランド&アスピンウォール社の太平洋航路への大きな思惑も背後にあったように思われる。ただしボストンとニューヨークで見聞を深めてくるように勧める「ジョンス」に対して、帰国を先伸ばしにして自分たちを騙そうとしているのではないか、との疑念が二人には湧き、帰国の希望を伝えた。このように帰国を強く主張したり、自分たちの判断で動き回ったりすることができたのは二人でいたからこそであったように思われる。

ニューベッドフォードとニューヨークの往来

二人とともに蒸気機関車に乗ってニューベッドフォードからボストンに行ったのはハウランド号関係者の総勢一一名だった。ボストンまでかかった時間は八時間で、「怪物のような音を鳴らしながら」走る汽車の速さを「矢より早き」だと驚いた。[31]（図表3－3　蒸汽車参照）作蔵と勇次郎の二人は各所を訪問しただけではなく、水夫の泊まる宿で帰国のための便船がないか尋ねまわったという。その後のニューヨークまでの道中は「イギリス人のベル」が同行した。二人はニューヨークでも興味深い体験を数多くしたが、主たる目的は帰国の便船を見つけることだった。ボストンと同じような水夫の宿で便船の情報を探したのであろう。

しかしそれは叶わず、二人はボストンに戻り、もう一人の恩人であるロビンソンのカリフォルニアに向けた船に働きながら乗った。[32]こうしてニューヨークからサンフランシスコまでは、南アメリカ南端のホーン岬を通ったが、その理由は「サンフランシスコに行くのに、汽車では旅費が嵩む」ためであったとのこと。[33]このような語りからは、二人にはロビンソンの船に乗る以外の選択肢も提示された可能性がある。

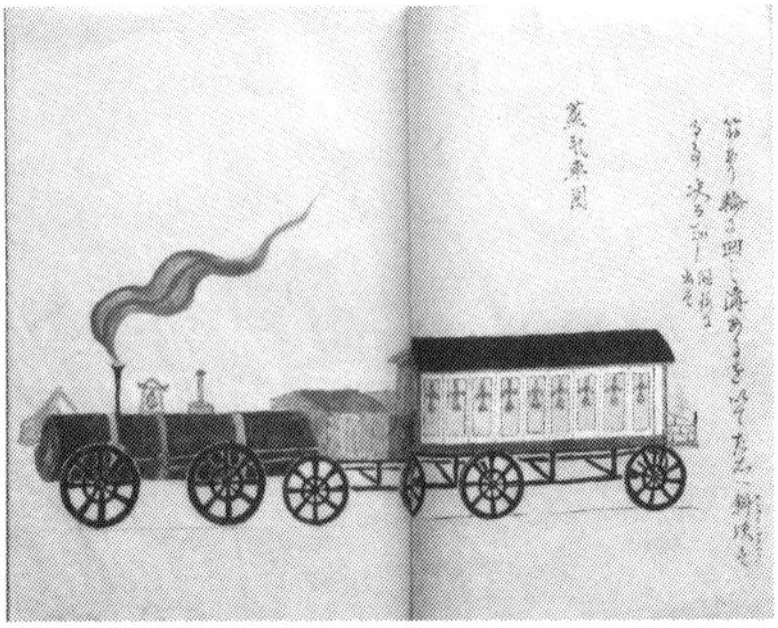

図表3-3　蒸汽車
出典：『漂民聞書』田原市博物館蔵

アメリカ国内における移動ルート

ただし、大陸横断鉄道完成はまだ先で、ニューヨークから鉄道が通っていたのはセントルイスまでであった。そこからサンフランシスコまでの幌馬車での移動には、二五日間を必要とした。陸路に対して、東海岸からサンフランシスコまでの最短ルートは、パナマ地峡経由の船便であった。一八五五年一月にはパナマ地峡の大西洋から太平洋までの鉄道が完成し、所要時間がいっそう短縮された。[34] この鉄道の完成は、二人が既にサンフランシスコを出港した後であったが、どのみちパナマ地峡経由の船便での移動は高くつき、もっぱら商人、軍人、金持ちの旅人に利用されていた。ちなみに、一八六〇年の万延元年遣米使節団は、この鉄道を利用してパナマ地峡を渡り、その後東海岸へ船旅を続けた。次節でみていくジョセフ・ヒコも横浜居留地の商人となっていた南北戦争中に、サンフランシスコを経由してニューヨークに向かった際にこのルートをたどった。前者は外交使節団、後者は商人となっていたからこそ取ることができたルートであった。

ここから分かることは、アメリカの西海岸と東海岸とは実に遠かった、という単純で重要な事実である。南北戦争中かそれよりも前に、太平洋航路で日本人がサンフランシスコに着いたとしたら、そこからニューヨークまでの最も安価なルートは、作蔵と勇次郎とは逆コースのホーン岬経由での便船であった。しかしそれは何十日もかかった。パナマ地峡経由のルートは外国人に伴う場合か、資金がある場合に限られたであろう。一方で、日本生まれの人物が、捕鯨業の中心地、ニューベッドフォードに下船後、ボストンを経由してニューヨークまで船で赴くことは、それほど難しくはなかった。このように、作蔵と勇次郎の経験は、一八五〇年代のアメリカ国内外の移動ルートと選択肢とを明らかに示しているのである。

図表3-4　皮張にしたる傳車図
出典：『漂民聞書』田原市博物館蔵

2　漂流者ジョセフ・ヒコ

ヒコの人脈

ところで南北戦争中に、アメリカにいたことが明らかなのは、万次郎と並んでよく知られる、ジョセフ・ヒコである。フランクリン・ピアース、ジェームズ・ブキャナン、リンカンの三人の大統領に拝謁したことはよく知られている。彼ほど、南北戦争時に出会った人々——ウィリアム・スワード国務長官やリンカン大統領らの名前——とともに、記録に残っている日本人はいない。以下、ヒコの自伝および、ヒコ研究の泰斗でジョセフ彦記念会会長を務めた近盛晴嘉の著書を参照しながら、彼の軌跡をみていくこととする。[35]

ヒコは一八三七年播磨（現在の兵庫県）の生まれで、一八五〇年、栄力丸の源次郎ら一七名は、播磨から江戸に向かい、その帰途遠州沖で遭難し漂流した。アメリカの商船オークランド号に救助され、アメリカ西海岸へ着いた。漂流民のなかでもっとも幼少のヒコはその時一四歳であった。源次郎ほか一七名の漂流者のうち三名は病死、一八五四年に唐船で長崎へ送還されたのは一〇名であった。[36]

ヒコは出会いに恵まれた。まず、恩人で友人ともいうべき存在のトーマス・トロイがいた。近盛によればトロイは、「学生時代に地理で日本のこと、ザビエルのことなどが書いてある本を読み……日本に興味を持ちはじめて、いつかは日本に行くことを夢みていたので、日本語を覚えようと、漂流民に誰彼となく話しかけていた[37]」という。次に文字通り父のような恩人ビーバリー・サンダースがいた。サンダースは企業家・外交官であったため、ヒコは、首都ワシントンを中心に有力な政治家や学者の知己を得た。

ヒコは南北戦争に従軍した日本生まれの二人と生年も近い。ただし、サイモン・ダンがブルックリンで入隊した一八六三年一二月七日、そしてジョン・ウィリアムズが従軍した一八六四年八月二五日の両日ともに横浜にいたことが分かっているため、従軍した人物その人ではない。しかし南北戦争中のワシントンDC近辺で、南軍の将軍に間違われて監禁されたり、他の漂流民を助けたり、スワード国務長官に何度か面会しアメリカ公使館の通訳の職を得たりと、南北戦争中のアメリカの事情に最も通じていたのはヒコをおいて他にいない。

世話をする人、利用する人

少し時を戻そう。ヒコは、一八五四年にはミッション・スクールを卒業し、一八五七年にサンフランシスコに戻った。サンフランシスコでは、カリフォルニア州選出のウィリアム・M・グウィン上院議員（民主党）が、ペリー艦隊が日本に行く前に、ヒコを政府の書記にすれば、「真情通じ両国のために大幸ならん」として、書記としてヒコを首都に連れていきたいと何度も説得に来た。そこで、ヒコはグウィンに同行することとなった。しかし、グウィンがヒコを首都まで同行させた理由は単に「注目を集めるため」だったようだ[38]。グウィン上院議員はヒコを一般人に周知させる手段として新聞報道を活用した。果たしてこの記事でヒコは一躍にして社交界の話題の人物となった[39]。同じ新聞中のサンダースによるヒコ評は以下の通りである。

彦は私が知る限りにおいて、比類ないほど誠実で、真心のある少年である。いかなる非行もまったくなく、気立ては誠に忠実率直である。……私は彦を知って以来、常に自国語をなおざりにしないよう練習することをすすめてきた。それはいつか役立つかもしれないと思ったからである。[40]

彦は未成年であるが、あたかも彼の祖国で受けたと同様の、年齢のわりには十分な教育を受けており、すでに英語の読み書きをはじめ会話も非常に精通している。その上、彼は完全にアメリカ化し、サンフランシスコでは彼を知る人の間で、将来は対日交渉の場で有用な人間になることは間違いないと信じられている。[41]

ヒコへの評価とは、「完全にアメリカ化」した日本人であり、日本との交渉において必ずや有用な仲介者となるというものだった。漂流民が日本との交渉に役立つという政治と通商上の動機は、単に個人のものではなく、当時のアメリカ社会で広く共有されていた。

ヒコは自伝のなかでサンダースとグウィンとを対照的に描いていて、グウィンに対しては、非常に批判的である。「有名な金持ち」であるグウィンではあったが、「頼る者のない外国人の私に対する態度は、決して気前のよいものではなく」「見知らぬ遠い場所まで連れてきて、お払い箱にした……私の手もとに残ったものは、虎の子の二〇ドルだけだった」という。それでも、ワシントンDCに滞在する間、グウィンの紹介で、ヒコはブキャナン大統領に会う機会を得た。さらに測量船フェニモア・クーパー号の船長で、のちに咸臨丸のアドバイザーとなる海軍軍人で科学者でもあったジョン・M・ブルックの知遇も得た。[42] 一八五八年には彼はアメリカ帰化市民となった。

アメリカ帰化市民となったヒコの移動

グウィンの元を去り、サンダースに再度世話になるなかで、ヒコはスワード国務長官とも何度か面会している。スワードは社交的な性格で有名であったが、ヒコが描くスワードとの面会にも堅苦しさはなく、友好的な雰囲気が漂っている。このようなエピソードからは、「完全にアメリカ化」した日本人という珍しさがあったのだとしても、身分の卑賤なものが対等に話すことなど許さないという幕府の役人の対応との違いが際立つ。念願がかないヒコは一八五九年に帰国を果たすが、その際の職は現地採用の通訳者であって、帰化市民となっていても差別を感じる場面が多々あったという。ヒコは、当時のアメリカ人外交官同様に、商売を始めた。恩人であり旧友であった「トロイを雇うほど」商売は順調となった。[43]

しかし、一八六〇年一月、イギリス公使館に通訳として勤めていた紀州出身の伝吉(ダン)

写真3-1　ジョセフ・ヒコ
出典:『アメリカ彦蔵自叙伝:開国逸史』(1932年)

が、公使館前で二名の武士に暗殺される事件が起きた[44]。この伝吉はヒコと同じ栄力丸の漂流民のひとり、岩吉だった（伝吉は幼名）[45]。さらに一八六一年一月にはアメリカ公使館通訳ヘンリー・ヒュースケンが暗殺された。攘夷論が台頭していたため、ヒコにとっては身の危険を感じる毎日であった。

漂流者を助けるヒコ

ところで、そもそもヒコがサンフランシスコのサンダースのもとで働くことになったのは、一八五三年初めに越後出身の重太郎という漂流者の通訳をしたことがきっかけであった。一八五七年一一月、尾張の永栄丸（一二人乗り）が漂流、イギリス商船カリビアン号に救助、サンフランシスコに送られた際にもヒコが活躍した。

ヒコが登場するまでお手上げの状況であったことが、一八五八年六月一一日付の『デイリー・アルタ・カリフォルニア』紙のなかで紹介されている。

今朝は、イギリス船カリビアン号のウィンチェスター船長が故障したジャンクから一二人の日本人を救出したという興味深い記事をお伝えする。これらの人々は現在カリビアン号に乗船しているが、支援手段が全くなく、我々の言語、風俗習慣にも無知で、あらゆる点で全く無力である[46]。

その後、八月二七日付の同紙には、ヒコがアメリカに「滞在している」日本人という位置付けで登場する。また、救助した精神は賞賛されるものの、カリビアン号の船中に、難破して救助された日本人が残留していたことが問題視された。本人たちはすぐの帰国を希望しているのにもかかわらず、ウィンチェスター船長が「これらの人々を彼の船に乗せておくことに固執しているため、市民や政府が彼らを日本に送るための手配をすることを妨げている」のだと。実際には、それまでアメリカ人も同じことをしていたのであるが、漂流者を利用してイギリスのために日本との商業的利点を得ようとしたことが、批判の対象となった。[47] ここで、ヒコが救助された日本人の境遇について説明をしている。

現在この都市に滞在している若い日本人のジョセフ・ヒコが語ったところによれば、彼らは皆貧乏人であり……すぐに母国に帰れないことを深く遺憾に思っている。[48]

ヒコが、日本の開港と漂流者への対応における貴重な情報源であったことは以下の箇所からも明らかである。

これらの人々が母国に送り返されれば、彼らは以前の慣習に従って国で斬首されるだろうとの、多くの人々が持つ仮定は完全に間違っている。私たちは、この事について特別な調査を行ったヒコを通して事実を知ることができる。ペリー提督による条約の締結以来、この日本の法律は無効にされ、廃止された。難破した当事者は、〔日本へ〕帰国しても、何の問題もなく過ごすことができるようになったのだ。[49]

一八五八年、寄港したハワイにおいてもヒコは漂流者を支援した。一つには、尾張出身の五人の漂流者のうち箱館に帰港することができず残った二人の帰国の手筈を整えた。ヒコによれば漂流者は「まったく絶体絶命のところを、ある船に拾い上げられ、今まで日本へ帰りたいという望みがかなう機会に恵まれなかった」[50]。船長は「また航海に出るようなことでもあれば、箱館で降ろしてやろうと思っていましたが……今、喜んでひまを出してやります」とヒコに伝えたというが、これは方便だったのかもしれない。漂流者側には「箱館で降ろしてやろう」との情報が伝わっていなかった。捕鯨船側からすれば、多くの船と同じように、「人手不足であった」ので必死に働く日本人は好ましく、実際とても親切にされたらしい。それでも二人は「何かの拍子で、うまく行きさえすれば、ぜひ……自分の家族のところへ帰りたい」と、述べた。誰かの不興を買って放り出されるかも知れないとの複雑な気持ちが、ヒコに対する「うまく行きさえすれば」との遠慮がちな言葉からうかがえる。しかもどこか他力本願であり、ヒコの登場という「何かの拍子」がなければ、そのまま捕鯨船に残るほかなかった可能性もある。

もう一つは淡路出身の政吉の事例である。一八五八年、政吉ら三人が紀州沖で遭難、一人生き残った政吉はアメリカ捕鯨船に救助された。捕鯨船ではティムと呼ばれて「クラスの上下を問わずみんなの大の人気者であった」らしい。その証拠に船長は、ティムを教育しようと思っていて、万次郎とホイットフィールド船長の再来のような関係が築かれつつあった。

ティムがこの船にいるのがいいと言うのなら、アメリカで学校に行かせてやってもいいと思っていたが、いま自分の国へ帰るのに願ってもない好機が与えられたのだから、私としてはそれを邪魔する気は毛頭ない。[51]

しかし、政吉もヒコに偶然に会ったことで、先述のブルックが艦長であったフェニモア・クーパー号の見習い船員となる。ブルックからは大変働きがよいと高い評価を得た。クーパー号は各地を航海して一八六〇年正月一四日に横浜に着き、ヒコと再会。政吉は徳島藩主に召され、苗字帯刀を許されて天毛政吉と名乗り、徳島藩軍艦艦長になった。

このように、自身が元漂流者の事情通で英語ができるヒコがいたことで、「お手上げ」状況が一変した事例がいくつもあった。ただし、当然のことながら、それらはハワイやサンフランシスコにヒコが滞在していた時に起きたことであった。太平洋での漂流者は他にも確実にいたのだが、ヒコの耳に入らない事例もあったであろう。元漂流者の同胞の耳に入らず、また現地で注目されず、新聞記事に載ることもなく、なかには捕鯨船で水夫として働き続けた日本人がいたとしても不思議ではないのである。

南北戦争中のヒコ

ヒコは、南北戦争勃発後の一八六一年一〇月にアメリカへ戻った。サンフランシスコからパナマ海峡を経て一二月一六日にニューヨーク港に着いた。ヒコはその時の船客の様子を以下のように述べている。

水先案内が脇にひとかかえの新聞をもって乗り込んできた。船客たちはむさぼるように彼のところに殺到した。みんな戦争のニュースを知りたく、うずうずしていたからだった。[52]

先に述べた通り、この移動ルートを取っているのは商売が順調であったからだが、ヒコは特にそのことには言及していない。

ここで南北戦争中の首都ワシントンにおけるヒコをめぐる動きをみてみたい。ヒコは一八六二年の新年を戦時下のワシントンで迎えた。そこでは緊張感のある事件が起きた。まず、戦争のため市中に戒厳令がしかれていたなかで、ヒコがカリフォルニア州選出のミルトン・レイサム上院議員宅での夕食後、一〇時過ぎにホテルへ戻る際、銃を構えた兵士から「そこに行くのは誰だ？」と叫ばれた。彼はとっさに「味方だ」と叫んで無事に通行できたという。[53]
さらに一八六二年、首都からほど近いヴァージニア州アレクサンドリアで、南軍の将軍に間違われて拘禁される事件も発生した。そのいきさつは以下の通りである。

将軍が自分の宿舎から突然姿を消したが、ワシントンの近くで北部の首都に攻撃をかける準備に、偵察を行っているところを見た、という噂が広まったらしい。折りも折り、この私を数日間、分からないようにこっそり尾行していた探偵の一人が、その将軍の古い色あせた写真を持って事務所にあらわれ、「あいつだ」と言って私を指摘した。そこで憲兵司令官はまさか日本人がアレクサンドリアの町をぶらついていようとはつゆ知らず、いや、そんなことは夢にも思わないで、ただちに私を逮捕したのである。[54]

戦争中北軍の占領下にあったアレクサンドリアでは、三〇以上の病院が作られ、六千床が提供された。ヒコが「アレクサンドリアの町をぶらついていた」理由について、近盛は以下のような推論をしている。

日本から帰国したブルック艦長が、ヴァージニア州出身のゆえをもって南軍に投じ、砲術と測量部の長官として活躍しているうわさをきき、もし連絡をとることができればと、彦がブルック艦長の所在を確かめまわっていたように思われる。[55]

ヒコは一八六二年初め、ウィリアム・ブーズやその友人ブライアント（ヒコによればブライアントは大きな乾物商）らの自宅を訪れ、教会にも同行していた。ここで、アレクサンドリアを歩き回っていたのは「ブルック艦長の所在」を確かめるためではないか、との近盛の推論は正しくない。というのも、ヒコの自伝中、「二月六日。ブーズ船長からは今までにすでに何通か、アレクサンドリアの自分のところにぜひ来てくれ、という手紙を受け取っていたので、今日は彼に会いに行った[56]」と書いてあるからである。ヒコはブーズ船長を訪ねにアレクサンドリアに赴いたのだ。もうひとつ、ブルックについての推論にも事実誤認に基づく点がある。南軍従軍記録上での住居はヴァージニア州であるものの、ブルック艦長の出身はヴァージニア州ではなく、フロリダ州であった。[57]

ヒコはこの事件についてスワード国務長官に報告した。その時スワードは笑って、「時節が時節だけに今までにもそんな間違いが、しばしば起こっている。まあそんなにえらい人に間違われたんだから、以て瞑するべきだなあ」と言ったとのことである。[58]

また一八六二年三月三一日、帰国直前にスワードに挨拶に行った際、「われわれの偉大にして善良なる人物」つまり、リンカン大統領にぜひ会うようにとスワードは勧め、「私の友人で、日本人のヒコ氏」としてリンカン大統領に紹介したのだった。大統領は「日本のような遠いところからよく来てくれましたね」と述べ、アメリカでのヒコの境遇について多くの質問をした。[59]

このようにヒコは、サンフランシスコだけでなく、サンダースの自宅があるメリーランド州ボルティモア、日本に興味のある政財界の要人宅のあるワシントンDC、そしてDCから至近距離にあるヴァージニア州アレクサンドリア——グレーターワシントンDC（大首都圏）——の地理に通じていた。有名な「完全にアメリカ化」した日本人ヒコとアレクサンドリアで会った人も少なくなかったであろう。このことは、のちに、アレクサンドリアで「ある日本人の死」として南北戦争に従軍した日本人の死亡記事が出た際に、「この土地で慕われていた」と書かれる背景になったのではないか、とさえ思われるのである。

3　漂流者の実像

漂流者のコミュニティ

一八五五年頃までは上海には、音吉ら元漂流者のコミュニティがあった。そこでは、ギュツラフやウィリアムズらの貿易と布教の二つの目的に沿う形で、帰国をしようとする者への扶助がみられた。ヒコの恩人であるサンダースや、後に徳川幕府からサンフランシスコ領事を委嘱されるチャールズ・W・ブルークスらによる漂流者救助の目的からは布教の意図は消え、貿易のための活用との意図が強くなった。ブルークスについては次章で詳しく触れるが、彼はこのあと、咸臨丸の訪問に際し病没した水夫の墓を建てたり、退院した水夫の帰国の便を図ったりした商人であった。

漂流者の人間像

これまで漂流者の移動と経験をみてきたが、川合は様々な記録からうかがわれる漂流者の人間像について、以下のように述べる。

漂流者たちは、武士が乗っていた二、三の例を除けば、ほとんどが学問もなく、教養も低い者ばかりであったが、利巧な者は少なくなかった。記憶力も強く、理解力も速く、観察力も深く、しかも、精神的にも肉体的にも強靭で、松平定信のいう「一船のうちの英雄」も珍しくなかった。[60]

幸運に漂着したとしても、大変な困難のなかでその地で発狂してしまったり、自死してしまったりする事例もあった。そうした状況で生き残ることができたのは、まさに川合が述べる通り、精神的・肉体的にも強靭であったからにほかならない。加えて漂流者の観察眼と語学力について、川合は以下のように評価する。

漂流者が語った外国の民俗・地理・歴史的事件なども、今日内外の文献と参照して見ると、案外正確につかんでいることに驚く。生活は不安定で、帰国できるかどうか分からない異常な環境にあったから、すべてのことに真剣に対処しなければならないので、言葉はよく分からなくても、深く見ることができたのではなかろうか。[61]

ともかく、漂流者としては一日も早く意思を通じねばならないので、外国語の習得には熱心であり、若い者はがいして上達が速かった。特に捕鯨船に救助された場合には、漂流者は労働力として使役されることが多く、従って作業に必要な言葉を教えられる場合も少なくなかった。[62]

万次郎にせよ、ジョセフ・ヒコにせよ、彼らは他に日本人がいない船上や事務所といった日常生活・環境のなかで高い英語力を得た。ヒコや万次郎に比べて英語で生活をした期間が断然短いとはいえ、田原の作蔵と勇次郎が耳から聞き取った英語表記をみると、現地で通用するものになっており、その正確さには驚かされる。

言葉に関連して付言すると、上海、香港、ベトナムといった漂着先で、簡単な漢字を通じてのコミュニケーションによって漂流者が窮地を脱することもあった。一八四一年兵庫を出帆後に、メキシコ領のバハ・カリフォルニアまで漂流した永住丸（一三名）の初太郎の経験がそのような事例である。現地で二〇〇日以上を過ごすなかで、残留を懇願された初太郎ではあったが、一八四三年に帰国することとなった。途中マカオに上陸させられ途方に暮れていると中国人が集まってきたので「我日本人」と書いたところ、初太郎は既述のアメリカ人牧師サミュエル・ウィリアムズの家まで案内されたという[63]。そこから日本人漂流者の小さなコミュニティとつながったのである。

このことは、日本生まれの人物がニューヨークで誰を頼ったのかを考える際に、示唆を与えてくれる。一八六〇年センサスによれば、ニューヨークの中国人は一二〇名ほどであった。また中国人の多くが住んでいたロウアー・マンハッタンまではブルックリンからフェリーに乗ればすぐであった。初太郎がマカオで「我日本人」と書いたことが、日本人の漂流者コミュニティにつながったように、ニューヨークでも中国人との間に、コミュニケーションが漢字によって成立した可能性は十分にある。

一人の孤独と悲劇

田原の作蔵と勇次郎の場合、ニューベッドフォードに降り立ってすぐに自分たちの主張を通すことができたのはやはり二人でいたからだろう。一人であった万次郎の場合、善意の船長であるホイットフィールドに対して、ゴールドラッシュに参加し帰国のための資金を得たいと伝えるまでに、一〇年近くかかったのとは好対照である。

アメリカ海軍の軍艦に乗せられて香港に来た一七名の栄力丸の漂流者のうち、一八五二年には、トーマスに誘われて若いヒコ、亀蔵、次作の三人が香港からアメリカへ戻っていた。そして一八五三年、一三名が上海に送られて音吉の世話を受けることとなった時、仙太郎はアメリカ海軍サスケハナ号に一人残された。理由ははっきりしないものの、常時人手が足りなかったことに加えて、日本の漂流民を保護してペリーが送り届ける証拠として一人だけ手元に置かれることとなったのかも知れない[64]。

もともとの名前「仙八」から来たのであろう、仙太郎はサムパッチ（Sam Patch）と呼ばれた。ペリー艦隊の二度目の訪問の際、幕府の役人が日本に帰国させようと説得したが、仙太郎は厳罰を恐れるあまり納得はしなかった。通詞森山栄之助の説得に対しては、言葉の壁などがあっても月給九ドルをもらっている厚遇を残留の理由として示唆したという[65]。

仙太郎はその後、宣教師として日本に渡る希望を持っていた艦隊の海兵隊員ジョナサン・ゴーブルの世話になる。ニューヨーク州ハミルトン市の学校に入学し、一八五八年には同市の教会で洗礼を受け、六〇年にはゴーブル夫妻とともに日本に戻ってきた。後に、仙太郎はジェームズ・バラ、エドワード・クラークのもとで使用人としてつとめ、七四年に没した。近盛によれば「貧しい能力の上に向上心にも乏しかったらしく……いかにも寂しい[66]」人生であった。このような評価は、仙太郎が最後に仕えたクラークによる「貧しい能力の男ではあったがサムは彼なりの狭い

写真3-2　栄力丸船員 仙太郎
（SIMPACH〔表記ママ〕）
ハーヴェイ・R・マークス
1850-51年　横浜美術館蔵

分野では忠実な男で絶えず私といた[67]」との言葉から引き出されている。三歳年下のヒコと同じようにアメリカに渡り教育も受けたにもかかわらず、ヒコと対照的な「寂しい」人生であったのだと。しかし、栄力丸全員のその後を追った春名の描写はやや異なっている。

伝吉と仙太郎は、ともにヨーロッパ人の権威に身を寄せる従者の立場に身を置いて、その生涯を送った。その範囲内で二人の選択はきわめて対照的である。伝吉は、権威を笠に着ることによって暗殺をされた。これに反して、栄力丸の乗組員のなかでもっとも小心であった仙太郎は、本能的にアメリカ人に身を寄せる生活の危険を察していた。いわば一生を身をひそめてすごすことによって、仙太郎は嵐をやりすごしたのである。[68]

危険を痛感し身をひそめて「嵐をやりすごした」気持ちと寂しさは、仙太郎だけでなく、他の漂流者の人生にもつきまとった。一八五七年六月、次作はサンフランシスコから日本（箱館）へ帰国。最後に亀蔵は一八六〇年一〇月、帰路香港にて、遣米使節団一行に会い同行を願い出て許される（この前後の出来事は次章で詳述する）。ここでの注目点、異郷においてたった一人でいることにかんがみれば、次作が去った後、亀蔵はサンフランシスコで一人に耐えられなくなったと思われるという。[69]アメリカ生活が長くなった亀蔵にとっても一人は辛かったのである。仙太郎もしかりである。奇跡的に助かったとしても帰国後に精神的に参ってしまった元漂流者はしばしばいたし、香港においても、寿三郎はアヘン中毒で亡くなった。

ここまで南北戦争前・戦争中に意図せずアメリカに足を踏み入れた漂流者の移動の軌跡を追ってきた。入隊した日本生まれの人物は、香港や他の地での日本人漂流者との接点がなく、それゆえ日本で作られた「漂流記」の形や、欧米の宣教師や商人による記録に残らない「埋もれた漂流」者だったのではないだろうか。人生の分岐点や、恩人や、協力者の小さなコミュニティの果たした大きな意味を考える時、そこから離れて、一人アメリカで生きることの厳しさは、想像を絶するものがある。仙太郎が漂流後に一人で残された時の恐怖は、一人で従軍した日本人の心持ちとも共通していたであろう。漂流し一人救助された後に、善意の恩人に恵まれたばかりとは限らない。移動・再移動をした漂流者が、貧困と孤独のなかで入隊した可能性は十分にあると思われる。

4　密航者たち

密航

密航の試みで有名なのは、日米和親条約締結後にペリーが下田へ回航した際の吉田松陰と弟子の金子重之輔のものであろう。一八五四年三月のことであった。二人は外国への留学を希望していたのだが、アメリカからの拒絶により失敗に終わり蟄居を命じられた。『日本遠征記』のなかでペリーがその詳細を書き残している[70]。

幕府が海外への留学あるいは商用などのための渡航を正式に認め始めたのは、一八六六年である。それ以前は、外国人外交官の従者としての渡航を除き、日本人が外国に行くことは密航として扱われた。イギリス公使ハリー・パークスのような大物であれば日本人従者の同行が認められたが、商人と外交官を兼ねていたアメリカ人が従者の同行を申請しても、却下される場合があった。そこで、商人や商人兼外交官の手を介することで行われたのが、幕府側からみた密航である。

密航場所は、長崎、横浜、箱館等の開港場であったが、その前に国内留学を行う人の流れがあった。熊田忠雄によれば、密航者には西日本出身が目立つという。それは、長崎への遊学（留学）機会が多く、また長州や薩摩といった藩をあげての集団での密航があったからである。[71]長崎から上海へ向かったならば、そこから世界へ航路が開かれていた。一方、横浜については、開港直後の「総人口は分かっていないが、全国からさまざまな『身分』・階層の人々が移住」していた。[72]新島襄は、江戸における国内留学で万次郎の教えも受け、アメリカ留学への思いを深めていくが、アメリカへの密航は箱館から果たした。

本節では、ジョン・ウィリアムズがニューヨークで入隊した一八六四年までの、個人による密航をみていく。よってそれより後に行われた薩摩藩のイギリスへの留学生の密航は対象にはならない。ただし、個人によるものでも、集団のものでも、欧米商人や外交官の支援がなくては密航はなしえなかった。それでは、一八五〇年後半から一八六四年初めまで、どのような形で、誰の助けを得て、どこから密航が可能となったのか。そのなかに南北戦争に従軍した二人が含まれていただろうか。その可能性について、以下検討していく。

鈴木金蔵の場合――一八六〇年

新島襄による密航の前に、一八六〇年に箱館からアメリカへの渡航に成功した人物がいた。その人が鈴木金蔵である。鈴木は、膳所（現在の滋賀県大津市）藩士とされている。[73]一八八一年の外務省の職員録によれば、「滋賀県士族」とあることから、鈴木金蔵が武士身分の出身であったことは確かである。[74]鈴木は後に、明治政府のもとで外交官となり、ロンドンの公使館等で勤務した。伊藤一男による『北米百年桜』では、一八三一年から三五年の間にオレゴンに漂流した日本人漁師が三人いて、そのうちの一人の名前を鈴木金蔵としているが、これはまちがいである。[75]

一八六〇年当時、江戸のアメリカ公使館には、タウンゼント・ハリスと通訳のヘンリー・ヒュースケンがいたが、一月にヒュースケンが暗殺された。箱館には、一八五七年にいち早くやってきて貿易事務官（コマーシャル・エージェント）の肩書を得たエリシャ・E・ライスがいた。金蔵の渡航に直接かかわったのは、領事扱いとなったライスであったので、彼の従者であれば密航には当たらない。ただし、幕府は当初からライスの「貿易事務官」という立場をいぶかしく思っており、関係は良好ではなかった。[76]いずれにせよ、鈴木の渡航についての申請は実際にはなされず、ライス、元船員で「米国領事代理」となったW・R・ピッツ、商人のハーマン・C・レオナード船長の三人が協力して行った。

この鈴木を、バーバラ・ヤスイはオレゴンにおける日本人移民のパイオニアであり、また「政治難民」であったと位置付ける。[77]オレゴン歴史協会もまた、以下のように鈴木が安政の大獄による「政治難民」であった可能性を示唆している。

> 鈴木は武士階級の特権である二本の刀を持った流暢な英語を話す人で、逮捕されるのではないかと恐れ、江戸〔横浜〕から箱館までの小さな日本のジャンク船に乗り込んだと伝えられています。彼は、一八五八年から五九年の安政の大獄の間に一〇〇人以上の反対者を逮捕した徳川

政権の政敵だったのかもしれません。鈴木の人生のわずかな軌跡は、主に二人のポートランドのビジネスマン、印刷業者のジョージ・ヒメスとガス工場の所有者であるレナードの回想録に基づいています。鈴木を箱館に一年間避難させていた米領事は、一八六〇年にレナードのポートランド行きの船に乗せて脱出を手配しました。[78]

オレゴンで「伝えられ」る通り、鈴木は「政治難民」であったのだろうか。ヒメスが書いた一九〇四年の記録には、「政治難民」であったと確かに書かれている。しかも「彼の首には賞金がかかっていた」とまで記載されている。[79] しかし、鈴木の密航を手助けしたピッツの手記には異なることが書かれていた。ピッツは鈴木に渡航の決意のほどを以下のように問うたという。

日本を離れるとは、命を危険にさらすことだと分かっていますか？　渡航の最中に捕まった場合、日本の法律により、首をはねられることになるのですよ。[80]

また鈴木は、渡米の目的を日本の現状への危機感と、アメリカで習得する知識を将来活かしたいからだと語った。

日本が外国人訪問者を招き、貿易を行い、抑圧的な法律を廃止し、〔偉大な〕国家の一つになる時が来ました。私のように故郷を飛び出した貧しい連中は、〈帰国の暁には〉海外で得る知識を使い、私たちの国を偉大にすることに尽力するため、歓迎されるでしょう。[81]

つまり、鈴木は憂国と向学心から密航を試みたのであって、「首に賞金がかかった政治難民」ではなかった。事実、膳所藩内部で政争が激化したのは、尊王攘夷派と佐幕派とが争った一八六五年の膳所藩十一烈士事件以後であった。

もともとのピッツとの会話のなかで、密出国により「首をはねられる」と鈴木が警告されたことが、後に「首に賞金がかかった政治難民」説へと飛躍したのではないだろうか。こうした飛躍は、南北戦争に従軍した日本人は「侍の留学生」であったとの説の提示と似たものがある。それはアメリカにおいて「侍の留学生」や「首に賞金がかかった政治難民」というような像が、一般の人々に伝わりやすく、また何かしらロマンを想起させるからであろう。もう一つ、「流暢な英語を話す人」であったかどうかであるが、ピッツの手記には最初まったく英語ができなかったと記載されている。ただし、箱館で数ヶ月過ごすなかで、ピッツにとっての日本語の先生である日本人福士屋卯之吉〈後に福士成豊〉の助けを借りて勉強し、かなりの上達をみたようである。[82]

ここで興味深いのは、箱館にアメリカ船が多く入港していたことと、ピッツの自画自賛が入り込んでいるものの、ピッツが「日本人に優しい」ことを鈴木が知っていた可能性が示唆されることである。何のあてや情報もなく行くのには、江戸から箱館へは遠すぎる。密出国を希望する人物の間で何らかの情報網があったことは確かのように思われる。

武士身分の鈴木ではあったが、肝心の「侍の騎兵隊」であった可能性はないであろう。オレゴンに到着した鈴木はレオナードの使用人として、後にはガスライター・ポートランド会社で働いた。その仕事のため、ポートランドに数年間留まったことが分かっているからである。鈴木自身が当時を振り返った日記などは管見の限りみつかっていないが、鈴木からのピッツ宛の手紙には、「〔戦争中〕何度手紙を送っても返事がないので、〔ピッツが〕南北戦争で戦死したのだと思った」[83]と書かれていて、ここからも鈴木本人が従軍していないことは明らかだと思われる。

ここで鈴木が密航した先がオレゴン州であったことにも留意したい。南北戦争中、北部出身者でポートランドから入隊した人々もいたが、戦死した兵士はほとんどいなかったようだ。第1章にて検証した通り、中国人の入隊者のうち、カリフォルニア州の住民と書かれていたのはわずか四名のみであった。太平洋岸州では、南北戦争は遠い出来事だったともいえるのである。

帰国の際、鈴木は外務省に宛てて、「サンフランシスコに留学していた」が、政府の命令によって一八七一年五月八日に帰朝したと報告した。ここでは、オレゴンに密航を試みたことはもちろん、オレゴンにいたことにも触れていないのである。[84] 一八七一年の時点で密航の事実は、まだ隠しておきたい履歴だったのではないかと示唆されるのである。

写真3-3　出島松造
出典：フリーマン（?）1860年　藤掛允蔵

出島松造の場合——一八六二年

さらにもう一人、密航した日本人がいた。それが出島松造である。藤掛允蔵によって現代文に書き起こされた『出島松造自叙伝』によれば、出島松造は駿府（現在の静岡市）出身で、一八六〇年二月に家族に黙って横浜へ向かった[85]。そこで、開港直後の一八五九年に横浜に来たラファエル・ショイヤーの店で働くことになる。一八五二年のカリフォルニア州センサスによればショイヤーは、一八〇七年イングランド生まれ、職業は商人。サンフランシスコにおいて、一六歳、七歳、五歳の三人の息子と同居していた[86]。画家の妻アンナは新聞発行を通じて、日本の画家に大きな影響を与えた人物である[87]。

横浜でショイヤーは不動産から雑貨までを扱う競売業を営んだ[88]。多くの欧米の商人と同様に、ショイヤーは中国人の買弁（欧米の貿易商人との仲立ちをした業者）を連れてやってきた。漂流者の初太郎がマカオで「我日本人」という簡単な漢字を使って助けられたことは既述の通りであるが、横浜での買弁の存在意義は、欧米の通商慣行に習熟していたことと、日本人と漢字で筆談が

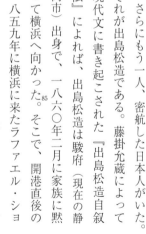

できることに多く拠っていた。伊藤泉美による買弁についてのより詳しい説明は以下の通りである。

買弁という職業は、中国の広州にあった西洋人商館（夷館）で働いていた中国人の世話人のことである。買弁は……西洋人商人のために、食料品の買い付け、金銭の出納、中国人召使の雇い入れなど、日常生活全般にわたり世話をしていた。[89]

話を出島に戻すと、一八六〇年一二月一八日、出島は一時帰国するショイヤーの手を借り出国した。船の名前はダイノウエブスタル号であった。出島の密航のタイミングは一八六〇年末で、アメリカにいた時期の多くが南北戦争中に重なった。しかもペンシルヴァニア州にいたことも分かっている。しかし彼が従軍したその人物かというと、出島が残した伝記からは答えは否である。

ただし、監視の目が厳しい横浜からも密航が可能であったという事実は注目に値する。密航が実現したのは、使用人として働かせようというショイヤー側の目的と出島のアメリカ行きの希望とが合致したからだと思われる。ショイヤーにとっては、使用人を同行させることが重要であった。事実、出島は様々な場所で様々な仕事を任されることになる。横浜における中国人買弁と同じように、出島はショイヤーの家族にとってなくてはならない重要な働き手となった。

出島の移動と経験

それではアメリカにおける彼の軌跡はどのようなものだったのか、出島の自伝を参照しながら追ってみよう。一八六一年一月一三日、サンフランシスコに到着。南北戦争勃発の直前のことであった。サンフランシスコではヘールスタインという日本雑貨店で働いたという。ショイヤーの店であったのかどうか確認はとれていないが、咸臨丸渡航の翌年にはすでに、日本雑貨店が存在していたようである。その後は、ショイヤーの妻アンナの実家「カラム氏」が経営するペンシルヴァニア州ミーデベルにあるビール樽製造所で働くこととなった。ミーデベルはエリー湖に近くペンシルヴァニア州の北西に位置し、オハイオ州のピッツバーグに近い。ペンシルヴァニア州の南に位置するゲティスバーグにおける激戦は一八六三年七月一日から三日までで、わずか三日間の戦いで南北両軍の死傷者は五万人を超えた。同州からの連隊も数多く戦闘に参加し、死傷者を出した。この間、出島はペンシルヴァニア州の小さな町に住んでいたため、人々が騒然としているのを必ずや見聞きしたことであろう。

一八六四年になると、出島はカリフォルニア州ナパの農園の管理を頼まれ、カリフォルニア州に戻った。こちらはショイヤーの父の農園であったらしい。「無人の高原で昼はひねもす労働と勉学にいそしみ」とは自叙伝中の本人の言葉であるが、ショイヤーの妹から英語を学んでいたようである。

一方ショイヤー本人は、南北戦争勃発後の一八六二年に横浜に戻ってからほどなくして、訴訟事件を起こす。ショイヤーの買弁アレーとジャーディン・マセソン商会の買弁アヒンの間で諍いとなり、ショイヤーがアヒンを相手にして訴訟を起こしたのである。[90] まもなくショイヤーは、一八六五年八月に亡くなった。享年六五。そのことは国務省にジョージ・フィッシャー公使から送信された記録によって、また、横浜にある彼の墓の情報によって裏付けが取れる。[91] 一八六五年九月一三日に、ショイヤーの遺言書に従って彼の遺産がウィリアム・ケンプトナーによって管理されることになった。[92]

横浜でショイヤーが亡くなってからも出島はナパに居続けた。転機が訪れたのは、アメリカでの生活が七年たった一八六七年一月、軍艦を受け取りに行くために横浜港を出港した幕府使節団（主席・小野友五郎）の通訳を出島が依頼されたことによる。一行は、ニューヨーク、フィラデルフィア、ワシントンDCを訪れた。ショイヤーが亡くなった後、妻のアンナはアメリカ公使ヴァン・ヴォルゲンバーグと再婚していたので、通訳として出島に白羽の矢が立った背景には、アンナを通じた推薦があったのかもしれない。いずれにせよ、この時の通訳によって、「英語を話せる人が欲しいから一所〔緒〕に帰国しよう」と勧められたものの「未だ渡航禁止令は解かれて居らず、果たして帰国しても打ち首にならぬと云う保証もない」のでいったんはあきらめたという。[93]「ソーヨ氏初め近隣の人たちも心配して帰国に反対してくれる」と続き、親身になって心配してくれることに涙が出たと述懐する。ただ、既にラファエル・ショイヤーは亡くなっていたので、出島が述懐する「ソーヨ氏」とは、当時三〇歳前後になっていた息子ハート・ショイヤーだと思われる。彼らも、出島が日本に帰国しても「打ち首」はならないと分かっていたはずなので、息子ショイヤーらが帰国に反対したのは、親しくなった出島の人間性と、働き手としての貴重さからだと推察される。

このように出島はラファエル・ショイヤー、妻アンナの実家、ショイヤーの父と、ショイヤーの拡大家族から様々な仕事を任された。ショイヤーや家族が、戦争中に彼を手放すことなど到底なかっただろう。他方で、出島にとっても大変であっても仕事があり食べていける一方で、小学校に通い、英語他を学ぶことは、アメリカ行きの本来の目的にもかなっていた。よって、アメリカに到着後、南北戦争に従軍する動機は彼にはなく、必要に迫られることもなかった。

出島は結局その後もアメリカに滞在し、帰国したのは一八六八年のことであった。その後、神奈川県牧畜係、東京青山の農業試験所や、北海道開拓使に勤めた[94]。明治維新後の日本にアイスクリームや缶詰など、多くの欧米技術をもたらし、文明開化の伝道師となったとも言われる[95]。

新島襄の場合　一八六四年

最後に新島襄についてである。八木谷涼子は、箱館の欧米人と日本人の使用人の支援によるものという点で、新島の密航と前述のピッツらによる金蔵密航の成功例との共通項を指摘する[96]。加えて新島の渡航にいたるまでには、「上海に行く際に日本人小使を同行させたい」とのイギリス人商人、アレクサンダー・P・ポーターによる申請が、小出美濃守によって却下されたことが背景にあるのではないか、と八木谷は言う。一八六四年四月一一日付で、新島密航の三ヶ月ほど前のことであった。ポーターが、新島を助けようと思った理由を、「上海行ノ節日本人小使召連ノ儀、不許可」への腹いせではないかと解釈していて興味深い[97]。同行させようとした日本人とは、ピッツの日本語教師としてピッツの手記にも登場する、福士成豊ではないか、というのが八木谷の仮説である。詳細な史料とともに、自分がかなえられなかった海外渡航の夢を託すために、福士は新島の密航に協力したのではないかとの説は、説得力がある[98]。しかも、ポーターは、もともと上海でイギリスのデント商会を代表する税関役人だったので、元漂流民の音吉と同僚であったのかもしれない。本書では可能性を示唆するにとどめるが、幕末の居留地や海外在住の日本と日本人に関係するコミュニティが小さく、人間関係の重なりがみられることには注意が必要である。

新島は一八六四年七月に箱館港から米船ベルリン号で出国し、上海でしばらく滞在した後、ワイルド・ローヴァ号にてアメリカへ向かい、一八六五年七月に大西洋経由でボストンに着いた。その後、アマースト大学を卒業し、岩倉使節団の一員としてヨーロッパにも渡り、さらにアンドーヴァ神学校を卒業後、宣教師として帰国した。布教とともに、一八七五年に京都に同志社英学校を設立し、これは今日の同志社大学となった。

一八六四年の密航前に話を戻すと、安中藩出身の新島は川勝光之助（光之輔）の英学塾に「近地留学」していた。また、「中濱塾」とも言われた新銭座町の万次郎の家にも通っていた。新島が箱館行の快風丸に乗船する契機となった駿河台における備中松山藩士との出会いも、万次郎宅にナサニエル・ボウディッチの原書の不明箇所の意味を訊ねに行くところで起きた。新島にとって万次郎は、英語の教授であっただけではなく、自分が密出国をしても西洋世界で学問を積んだ暁には無事に帰国でき、活躍できる場がある、という生きた手本であったと考えられる。[99]
新島が箱館から密航できた理由について、大越哲仁は以下のように述べている。

箱館は北辺の地にあり、貿易量を見ても、一八六四年当時……箱館は僅かに三％と極端に少なく、最も地味な開港地であった。そして、まさに新島が海外渡航を行った同年旧暦六月に亀田御役所土塁（五稜郭）が完成し、従来、箱館港を臨む箱館山の麓にあった奉行所が同所に移転し、新島が海外渡航に成功した旧暦六月一四日の翌日一五日から箱館奉行小出秀実が五稜郭で執務を始めた。したがって、新島が密航した当日の夜は、多くの役人が五稜郭での業務開始準備に追われていたと想定され、その分、港湾の警備が手薄になったと考えられるのである。[100]

また、新島は密出国の状況を振り返り、それが如何に危険を伴う行為であったかを以下のように述べている。

アメリカ船に乗り込む準備がほぼ完了した時、私は実家に呼び戻されたように装った。というのも、私が突然箱館から姿を消せば、外国船に逃げ込んだのではないかという疑いが、役人たちの間に起き、役所の船が私を追跡してくるかもしれなかったからである。当時、役所の許可なしに出国を試みるものは誰でも、捕まれば死刑に処された。[101]

一八六五年七月二〇日に到着してから、新島は約一ヶ月間ボストン港にいた。船で寝起きをしていたようである。到着後、「二四日ロビンソンクルーソーの本を買い、二六日には、船頭我をボストンに連れて行き、洋服を購入した」とあるので、船頭が世話をしてくれていたことが分かる。それでも心細い毎日であったことだろう。八月二四日にベルリン号のセイヴォリー船長が来た際には「我喜びに堪えず大声で呼んだ」とある。どれほど嬉しかったことだろうか。[102]

それにしても新島は非常に幸運であった。日本人兵士ジョン・ウィリアムズは一八六四年にブルックリンのブローカーにおそらくは騙されて、報奨金を手にすることなく、騎兵連隊に入隊し南北戦争に従軍した。新島と同じ侍の身分であった可能性もある。戦争中に病気になり入院し、その数年後に亡くなったか、名前を残すこともなかった。もし新島が一年早く密出国していたならば、そして彼の船がボストンではなくニューヨークに着いていたならば、ウィリアムズのような運命が待っていたかも知れないのだ。

漂流者・密航者の可能性——おわりに

これまでみてきたように、南北戦争前ないし戦争中、漂流により意志に反して渡米することとなった日本人と、自分の意志で海外に密航した日本人がいた。本書が対象とする時代には、漂流した日本人を太平洋上で救助したのはアメリカ船が多かった。そこで救助された漂流者とアメリカ人との個人的なつながりが生まれることとなった。万次郎にはウィリアム・ホイットフィールド、ジョセフ・ヒコにはビーバリー・サンダースといった文字通りの恩人の存在が彼らのその後を左右した。密航者にとっても、渡米を実現させた恩人がいた。いずれの事例においても、恩人側の善意が特筆される。一方で、翻訳や他の様々な労働を手伝わせたり、政治活動の宣伝に使ったり、商業活動の切り札として使おうとしたりという、実益や思惑もあった。

これらの漂流者と密航者を比べるならば、漂流者の方に、南北戦争に従軍した二人が含まれる可能性が高いように思われる。それはなぜか。単純に言えば、密航の背後には目的があったからである。本章でみたようなショイヤーのような商人の助けで密航した場合、男性の働き手が貴重ななかで、出島のような有用な人物をみすみす手放すことなどありえなかった。

日本人密航者にとっても、彼らの目的はアメリカで英語を習得し見聞を広げることであった。働きつつ勉強するといった目標遂行のさなかに、命を落とす危険と隣り合わせの他国の戦争に従軍することなど考えもしなかったであろう。ニューヨークにおいて元密航者の日本人が入隊するとしたら、何らかの理由によって必要に迫られる貧困状況に陥ったか、騙されたとしか考えられないのである。または何かの命によるものだったのかもしれないが、この点はさらなる探求が必要である。

1　川合、前掲書、一四九—一五五頁。
2　橋本進・杉崎昭生・桑島進「海流と風、そして船《鼎談》」山下恒夫再編『江戸漂流記総集　石井研堂これくしょん』第四巻、日本評論社、一九九二年、五四頁。
3　川合、前掲書、一四八頁。
4　橋本・杉崎・桑島、前掲鼎談、五四—五七頁。
5　上白石実『幕末の海防戦略——異国船を隔離せよ』吉川弘文館、二〇一一年、一七五—一七七頁。
6　春名徹『にっぽん音吉漂流記』中央公論社、一九八八年（初版は一九七九年）、二九八—二九九頁。
7　同、一九頁。
8　同、二九八—二九九頁。
9　春名徹『世界を見てしまった男たち』筑摩書房、一九八八年（初版は一九八一年）、三三一—三三二頁。
10　新村出監修「栄力丸漂流記談」『海表叢書』巻3、成山堂書店、一九八五年（初版は一九三八年）、三四頁。
11　加藤貴校訂「漂流人書状写」『漂流奇談集成』国書刊行会、一九九〇年、四一七—四一九頁。
12　川合、前掲書、七三頁。
13　春名『世界を見てしまった男たち』三二一—三二二頁。

14 同、三四六頁。
15 同、三二三―三二五頁。
16 同、三三八―三三九頁。
17 上白石、前掲書、一九二頁。
18 春名『にっぽん音吉漂流記』二八二頁。
19 春名『世界を見てしまった男たち』三四八―三四九頁。
20 方亮「開港の香港における最初の日本人――漂流民庄蔵・力松に関する考察」『千葉大学人文公共学研究論集』四一、千葉大学大学院人文公共学府、二〇二〇年九月、三一頁。
21 ジョン万次郎述、河田小龍記（谷村鯛夢訳、北代淳二監修）『漂巽紀畧』全現代語訳、講談社、二〇一八年、一二三―一二四頁。
22 THE MANJIRO STORY, https://whitfield-manjiro.org/the-manjiro-story/, 二〇二二年七月一二日最終閲覧。ただし本人の口述による『漂巽紀畧』には農園についての言及はあるが、馬に乗れるようになった、とは書かれていない。乗馬が高位の武士の身分に限られていたために、万次郎は語ることを避けたのかも知れない。万次郎、前掲書、一〇五―一〇六頁。
23 川合、前掲書、三七七―三七八頁。
24 同右。
25 「白井勝蔵の豆知識」愛知県田原市ホームページ https://www.city.tahara.aichi.jp/seisaku/kakushukeikaku/1002990/1004852/1007515/1007559/1007567.html, 二〇二二年七月一〇日最終閲覧。
26 「漂民聞書」近藤恒次編『三河文献集成』近世編 上、国書刊行会、一九八〇年、国立国会図書館デジタルコレクション、五〇七―五〇八頁。
27 天野敏規「渥美郷土資料館所蔵『漂民聞書』について――永久丸の漂流とその漂流者たち」『研究紀要』一、田原市博物館、二〇〇六年三月、八八―九〇頁。

28 Population schedule of the U.S. Census, Fairhaven, Bristol, Massachusetts, 1850, 104. 一八六〇年には職業が「船の荷役人」となっていて、船長は引退したのだろうか。多少の資産が蓄積されて、不動産が一〇〇〇ドルと動産が五〇〇ドルであった。Population Schedule of the U.S. Census, Fairhaven, Bristol, Massachusetts, 1860, 26.

29 Population schedule of the U.S. Census, New Bedford, Bristol, Massachusetts, 1850, 126. 一八六〇年にはいっそう資産の多さが際立っていて、不動産が五万六八〇〇ドル、動産が四六万五三〇〇ドルである。Population schedule of the U.S. Census, New Bedford Ward 4, Bristol, Massachusetts, 1860, 44.

30 山田哲夫『風濤の果て 永久丸漂流顚末記』門土社総合出版、一九九五年、一二三―一二五頁。

31 田原市文化財課「田原のジョン万次郎たち 永久丸漂流の悲喜」一、二『歴史探訪クラブ』其の九九、一〇〇。

32 山田、前掲書、一四二―一四三頁。

33 山田哲夫「『漂民聞書』追証」『研究紀要』一〇、田原市博物館、二〇〇六年三月、一八―一九頁。

34 John Haskell Kemble, "The Panamá Route to the Pacific Coast, 1848-1869," *Pacific Historical Review*, 7(1) (March 1938), 11-12.

35 近盛晴嘉『クリスチャン・ジョセフ彦』アムリタ書房、一九八五年、一六四―一六七頁。『クリスチャン・ジョセフ彦』は近盛による『ジョセフ彦』日本ブリタニカ、一九八〇年の改訂・増補版である。頁はほとんど同じであるものの、本章の引用は改訂・増補版である『クリスチャン・ジョセフ彦』からとする。

36 川合、前掲書、三七六頁。

37 近盛、前掲書、六八頁。

38 ヒコ、前掲書、一二〇―一二一頁。

39 近盛、前掲書、二三六頁。

40 "An Interesting Person," *Washington Evening Star*, November 3, 1857, 2.

41 Ibid.

42 ヒコ、前掲書、一〇八および一二二―一二六頁。

43 近盛、前掲書、一八三頁。

44 宮永孝「英国公使館通弁伝吉暗殺一件」『社会労働研究』四〇（三・四）、法政大学社会学部学会、一九九四年二月、二三四―二七〇頁。

45 マサオ・ミヨシ（佳知晃子監訳）『我ら見しままに――万延元年遣米使節の旅路』平凡社、一九八四年、四二一―四二三頁および三五一頁。

46 *Daily Alta California*, June 11, 1858, 1.

47 *Daily Alta California*, August 27, 1858, 2.

48 Ibid.

49 Ibid.

50 ヒコ、前掲書、一四五―一四六頁。

51 同、一四七―一四八頁。

52 同、二五四頁。

53 同、二六〇頁。

54 同、二六六―二六七頁。

55 近盛、前掲書、一九一頁。

56 ヒコ、前掲書、二六三頁。

57 John Mercer Brooke in the U.S., Confederate Officers Card Index, 1861-1865 18-1352; 2019-04-17T14:35:59-0600; jbunting; 4599; SB; IDX; United States, Military Order of the Stars and Bars Card Index, 1861-1865 – FSI.

58 ヒコ、前掲書、二六一頁。

59　同、二六八―二七一頁。
60　川合、前掲書、二二四―二二五頁。
61　同、二二八頁。
62　同右。
63　同、八一頁、春名『世界を見てしまった男たち』三六五頁。
64　春名徹『漂流――ジョセフ・ヒコと仲間たち』角川書店、一九八二年、一八六頁。
65　同、一八九―一九六頁。
66　近盛、前掲書、八八―九一頁。
67　春名『漂流』二三〇頁。
68　同、二三一頁。
69　同、二二六―二二七頁。
70　在NY日本国総領事館「日本遠征関連逸話集 1．密航を企てた吉田松陰への高い評価」https://www.ny.us.emb-japan.go.jp/150th/html/exepi1.htm, 二〇二一年一月三一日最終閲覧。M・C・ペリー、F・L・ホークス編纂、宮崎壽子監訳『ペリー提督日本遠征記』下、KADOKAWA、二〇一四年、三四一―三五七頁。
71　熊田忠雄『明治を作った密航者たち』祥伝社、二〇一六年、二六―二七頁。
72　西川武臣・伊藤泉美『開国日本と横浜中華街』大修館書店、二〇〇二年、五一頁。
73　伊藤一男『北米百年桜』北米百年桜実行委員会、一九六九年、九〇七頁。
74　「職員録・明治十四年十二月・職員録（外務省）改」アジア歴史資料センター、国立公文書館。
75　伊藤、前掲書。
76　「米・露・英の領事」『函館市史デジタル版 通説編第2巻第4編　箱館から近代都市函館へ』http://archives.c.fun.ac.jp/hakodateshishi/tsuusetsu_02/shishi_04-00/shishi_04-00-04-01-02.htm, 二〇二二年八月二四

日最終閲覧。

77　Barbara Yasui, "The Nikkei in Oregon, 1834-1940," *Oregon Historical Quarterly*, 76(3) (September 1975), 227-228.

78　オレゴン歴史協会ホームページ　Linda Tamura and Kazuko Ikeda, "Kinzo Suzuki (1840?-1882?)" https://www.oregonencyclopedia.org/articles/kinzo_suzuki/#.YtaFP3bP23B, 二〇二二年七月一九日最終閲覧。

79　同右、一九〇四年に書かれたGeorge Henry Himesによる鈴木金蔵についての回顧は、https://www.oregonencyclopedia.org/media/uploads/Himes_account_of_Kinzo_Suzuki_Mss_1462_1mhhre9.pdf. 二〇二三年四月二三日最終閲覧。

80　W.R.T. Pitts, *Memoir*, Aug_10_1893, copied by P. D. Hollinger, n.d., 4.

81　Ibid., 5.

82　Ibid.

83　Ibid., 8.

84　「（題名なし）」アジア歴史資料センター、文部省留学生関係雑件　第一巻、外務省外交史料館。

85　真杉高之「出島松造小伝」『季刊静岡の文化』二六、静岡県文化財団、一九九一年夏、五九頁、藤掛允蔵「彦兵衛の英語に魅了された出島松造伝記」『財界ジャーナル』四八七、財界ジャーナル社、一九八〇年一〇月、三三頁。

86　Population schedule of California State Census, San Francisco, California, 1852, 387.

87　Sawatari Kiyoko, "Innovational Adaptations: Contacts between Japanese and Western Artists in Yokohama, 1859-1899," in Ellen P. Conant ed., *Challenging Past And Present: The Metamorphosis of Nineteenth-Century Japanese Art*, Honolulu: University of Hawai'i Press, 2006, 85-86.

88　一八六四年になって初めて、横浜での商売が「競売業」であったと記録されている。*The Chronicle and Directory for China, Japan & the Philippines*, Hong Kong: "Daily Press" office, 1864, 189.

89 西川・伊藤、前掲書、六六頁。
90 同、七〇頁。
91 U.S., Reports of Deaths of American Citizens Abroad, 1835-1974 for Raphael Schoyer, Notices of Deaths of US Citizens Abroad 1857-1922, Vol 04: 1865-1866, 117. California, U.S., County Birth, Marriage, and Death Records, 1849-1980, 1865, 143.
92 Consular Court - In Probate, Consulate of the U.S. of America, Kanagawa, Japan, September 13th, 1865, *The Japan Times*, September 15, 1865, http://www.law.mq.edu.au/research/colonial_case_law/colonial_cases/less_developed/japan/newspaper_commentary_and_minor_cases_japan_1860s_to_1870s/, 二〇二二年一月一八日最終閲覧。
93 藤掛、前掲論文、三五―三六頁。
94 斎藤多喜夫『幕末・明治の横浜――西洋文化事始め』明石書店、二〇一七年、一三五―一三七頁。
95 天野進吾・たたらなおき・村上敏『出島松造――ボーイズ・ビー・アンビシャスを体現した男』静岡新聞社、二〇二一年。
96 本井康博『ビーコンヒルの小径――新島襄を語る』八、思文閣出版、二〇一一年、八木谷涼子「セイヴォリー船長と箱館の商人ウィルキー」『新島研究』一一一、同志社大学同志社社史資料センター、二〇二〇年二月、一〇一―一一八頁。
97 くりホンレビュー http://kurihon.seesaa.net/article/448896902.html, 二〇二一年六月三〇日最終閲覧。
98 くりホンレビュー http://kurihon.seesaa.net/category/27300117-1.html, 二〇二二年八月二五日最終閲覧。
99 大越哲仁「新島襄の海外渡航と中濱万次郎」『新島研究』一〇六、同志社大学同志社社史資料センター、二〇一五年二月、二〇―二二頁。
100 同、一八頁。
101 新島襄（同志社編）『新島襄自伝――手記・紀行文・日記』岩波書店、二〇一三年、六一頁。

102　同、一二七—一二九頁。

第4章

幕末の日本人の移動——使節団と密航者との接点

1　幕末の使節団

使節団と海外の日本人

第2章で参照した『海を越えた日本人名事典』の一覧表によれば、一八六〇年に海外へ移動した日本人は九七人。翌年一八六一年にはロシアに渡った二人と、一八六二年には漂流者五人の名前があった。そのほか、遣欧使節団としてイギリスに二人、フランスに二八人、オランダ留学生として一三人の名前が掲載されている。本章で述べていくように、遣米使節団のポーハタン号と咸臨丸で訪米したのは総勢一七〇人以上であったが、この一覧表には咸臨丸の水夫が含まれていない。加えて、同時期の密航者が全く含まれておらず、漂流者は一部が反映されているが断片的である。[1] よって一覧表には大きな欠落があるのだが、それでも南北戦争までの徳川末期の日本人の移動に、公式の使節団員が多数を占めていたことが、一目瞭然の事実として分かる。

本章は、幕末に移動した日本人のうち、使節団を取り扱う。アメリカ大西洋岸、ないしヨーロッパへは途中陸路をはさんだり、下船したりで、多くの都市を訪問したため、その期間は長きにわたった。また本章でみていく通り、派遣にはミッションがあり、数ヶ月後の帰国が前提であったが、それでも行方不明となる人が現れた。さらに航海の厳しさや環境の激変などもあり、基本的に若年壮年の健康な男性が団員として赴いたものの、途中で亡くなる人もみられた。本章では、道中にみられた行方不明や死といった移動した人々の人生の分岐点をできるかぎり明らかにして、その中に南北戦争に従軍した二人になりえる人物がいたのかを探っていく。

加えて前章でもみてきたように、移動した人々の間の接点が随所にみられたことも注目していきたい。日本からの移動が絶対的に不自由であった時代に、それでもなお海外に点在した日本人が、使節団とどこでどのような形で出会っていたのか、またはすれ違っていたのか。本章では、公式の移動を中心に据えつつも、漂流者、密航者、使節団といった切り分けのままの描写ではなく、様々な形で海外にいた／いざるを得なかった日本人同士の接触について、光を当てる。

幕末期の米・欧との交流

まずは、幕末の激動期を思い出すために、この時代の米国および欧州との交流を年代順に追ってみる。

一八五三年　嘉永六年　ペリー提督の艦隊　浦賀着
一八五四年　嘉永七年　日米和親条約締結　下田と箱館の開港
下田で吉田松陰と金子重輔がペリー艦隊への密航失敗

一八五八年　安政五年　日米修好通商条約・安政の五カ国条約　神奈川・長崎・新潟・兵庫の開港が決まる
一八六〇年　万延元年　遣米使節団（ポーハタン号搭乗）による日米修好通商条約本書交換（ワシントンDC）と咸臨丸派遣（サンフランシスコ）
一八六一―六五年　米国で南北戦争
一八六二年　文久二年　幕府　竹内使節団欧州へ派遣（英国艦による）
幕府　オランダへ留学生派遣（オランダ艦による）
一八六三年　文久三年　長州藩　英国へ留学生派遣
一八六四年　元治元年　幕府　池田使節団フランスへ派遣（フランス艦による）
一八六五年　慶応元年　薩摩藩　英国へ留学生派遣
一八六六年　慶応二年　薩摩藩　米国へ留学生派遣
幕府　海外への留学、商用などの渡航の許可を開始
一八六七年　慶応三年　大政奉還
一八六八年　明治元年

ここで日本の元号は西暦とは関係なく、年度途中に改元されていることに注意する必要がある。

また、我々がとくに関心をもっているのは一八六四年までの出来事であるので、本章で述べるの

はこの時期までの話が中心である。

このうち幕府から派遣された咸臨丸と使節団とが米国に到着した一八六〇年は、ここまで述べてきた日本人二人が米陸軍に入隊する三、四年前である。咸臨丸のことはよく知られており、著書や資料は多く存在する。しかし、乗組員の数については不明なところが残っている。日本側の資料には、残留または脱落した人物を数えていないのか、隠す意図があったのか、判然とはしない。しかし、アメリカ側の記録によれば、そうした人物が実際に咸臨丸乗組員のなかにいたことが分かっている。よって咸臨丸乗組員あるいは使節団員の誰かが帰国せず米国に残留して、陸軍兵として現れた可能性は否定できない。その可能性を以下みていくことにする。

2　咸臨丸の概要

咸臨丸の航海

幕府は一八六〇年に日米修好通商条約書の交換のために初めて米国に使節団を派遣した。咸臨丸は、この使節団の随伴艦として派遣されたのであった。咸臨丸の出発から帰国までの主要日時は次のようである（日付は橋本進『咸臨丸、大海をゆく』および文倉平次郎『幕末軍艦咸臨丸』による）[2]。

図表4-1　万延元年遣米使節団の航路
出典：宮永孝『万延元年の遣米使節団』（講談社刊）

一八六〇年二月四日（安政七年正月一三日）品川発、横浜経由、同月一〇日　浦賀発
三月一七日　サンフランシスコ着
三月二四日から四月二八日まで　メーア島米海軍造船所での修理
五月　八日　サンフランシスコ発

五月二四日　ホノルル着、同月二六日　同発
六月二四日（万延元年五月六日）　品川着

「咸臨」の咸は辞書では「みな（みんな）」とあり、咸臨は「みんなで・のぞむ」という意味に取れるが、文倉平次郎の『幕末軍艦咸臨丸』（一九三八年刊）によれば、中国古典の易経から取られた言葉であるとの説明がある。[3]

咸臨丸は使節団の乗ったポーハタン号よりも早く出発し、サンフランシスコに着いた。実際は、随伴艦というよりもむしろ海軍養成のための実践訓練であったとみたほうがよい。この船は幕末、一八五七年に幕府がオランダから輸入した三本マストの汽船であった。文倉は、その概要は、「船長一六三フィート、幅二四フィート、百馬力、蒸汽螺旋仕掛三檣の木造スクーナ・コルベット」としている。[4]また砲十門も搭載していた。「螺旋仕掛」とはスクリュー推進のこと、「檣（しょう）」はマストのこと、「スクーナ・コルベット」は船の大きさを表す専門用語で、これは小型艦である。この船は蒸気エンジンも搭載していたが、航行は主として風力によった。なお、咸臨丸のトン数については、昭和四〇年代に練習帆船「日本丸」の艦長を務めた橋本によれば約三八〇総トンとされている。[5]

この咸臨丸に軍艦奉行（提督）の木村摂津守以下百数人が乗り込み、日本の船として初めて太平洋横断に成功した。後述するように、日本人乗組員の数には諸説あるが、水夫が三分の二以上

を占めたことが特筆されよう。一八六〇年二月は旧暦では安政七年で、三月一八日より万延元年と改元された。この時期は幕府崩壊の数年前で、その時代に太平洋横断という大航海を成し遂げるための人材、とくに士官クラスや下士官・兵にあたる水夫などの養成はできていたのであろうか。

実は、幕府は一八五五年に長崎海軍伝習所を設置し、幕臣や諸藩から士分を集め、第一期、二期、三期までの伝習生（生徒）を育てていた。また併せて、下士官・兵クラスの伝習も行ったとのことである。教師団はオランダ海軍から派遣された。実際に咸臨丸渡米の折、その船将を務めた勝麟太郎（後の勝海舟）以下、士官クラスの多くはこの伝習所の出身であった。[6]

サンフランシスコへの航海では、数回、嵐に巻き込まれ、その時のかじ取りや帆の上げ下げなどは未経験者にはとても無理な仕事であった。ほとんどの日本人乗組員は、船将以下、船酔いで仕事どころではなかったようである。これを助けたのは、咸臨丸に同乗した米海軍の軍人であった。米国の測量船フェニモア・クーパー号は前年、浦賀沖で難破し、その艦長ジョン・ブルック大尉ら一一人は米国への便船を待っていたので、彼らを咸臨丸にて送り届けることになったようである。咸臨丸の渡米航海に不安を覚えた幕府側が、米軍人の助けが必要と判断したことによるとの記述もある。[7] 前章において、ブルック大尉がヒコと知己であり、ヒコを通じて雇ったもう一人の元漂流者である政吉の働きぶりを激賞していたことを述べた。ブルックにとって日本人との最初の出会いは咸臨丸ではなく、漂流者二人を通じてだったのである。咸臨丸においても、海軍

写真4-1　咸臨丸のメンバー　サンフランシスコにて　1860年
前列右から、福沢諭吉、肥田浜五郎、浜口興右衛門、後列右から、岡田井蔵、小永井五八郎、根津欽次郎
出典：『万延元年遣米使節図録』国立国会図書館デジタルコレクション

軍人の眼鏡に最もかなう人間は、元漂流者の万次郎だったようである。

サンフランシスコにて

三月一七日、サンフランシスコに到着。彼らを待っていたのは市長のヘンリー・F・テッシュメーカーをはじめ、市の幹部や市民らによる大歓迎の毎日であった。髷《まげ》を結い、「はかま」をはき、刀を差した一行が来たことが、市民に異常な興味を抱かせ、また連邦政府や州政府にとっては、日本には貿易や寄港地としての期待も大きかった。一二日遅れてポーハタン号も到着し、その歓迎も盛大であった。

咸臨丸はそのあと、メーア島海軍造船所で修理を受けた。木村提督はこの時の経費を支払おうとしたが米側はそれを受けず、結局、そのお金は慈善団体に寄付した。[8] 彼はサンフランシスコ出港前に、市長はじめお世話になった人々を訪問し、お礼の言葉を述べたが、『デイリー・アル

資料・文献など	士官クラス	水夫、火焚、大工、鍛冶	不明者	総　数
木村喜毅、資料①参照	19＋従者	65		96
鈴藤勇次郎、資料②参照	27	71		98
石川政太郎、資料③参照	22	66		88
斎藤留蔵、資料④参照	25	77		102
尾佐竹猛、資料⑤参照	24	67		91
文倉平次郎、資料⑥参照	26	67	3	96
『史料集成』第六巻、資料⑦参照	26	67	3	96
『史料集成』第七巻、資料⑧参照	26	67	3	96
宮永孝、資料⑨参照	26	67	3	96
咸臨丸子孫の会、資料⑩参照	26	68		94

図表4-2　咸臨丸乗組員の数

タ・カリフォルニア』紙によれば「二つの国が平和と友好な関係を続けるであろうことを心より願う」と述べたと報じている。[9]

咸臨丸は五月八日にサンフランシスコを出港、ホノルルに立ち寄り、そこでカメハメハ四世の謁見を受け、六月二四日に品川へ戻った。

3　乗組員と不明者

乗組員の数

ここから咸臨丸の乗組員についてみていこう。図表4－2は、咸臨丸で渡米した四人（木村、鈴藤、石川、斎藤）の残した記録と、その後の資料より乗組員数（計一〇件）を抜き出したものである。

以下では便宜上、「士官クラス」とは提督以下、士官、医師（見習を含む）および摂津守従者を意味し、水夫（水主、「かこ」とも読まれる）、火焚（かまたき）、大工、鍛冶および不明者を含めて「水夫クラス」と呼ぶことにする。なお、ここでの不明者とは氏名が明確でない人物を意味する。また、米国へ帰国するために同乗した米軍人（ブルック大尉ら一一人）は除いている。

資料の詳細

図表4－2の①から⑩の詳細を、もう少しみてみよう。

①木村喜毅（摂津守）は咸臨丸派遣団の提督で、帰国後に書かれた「奉使米利堅紀行」のはじめに、士分の一九人と士官扱いの従者に加え、水夫クラス六五人、総数九六人との数値がある。[10] ただし、従者と水夫クラスの名前は記されていない。この件についての、その後の資料である文倉の『幕末軍艦咸臨丸』あるいは「咸臨丸子孫の会」の名簿と比較すると、まず、従者の大橋栄次、福沢諭吉、秀島藤之助、長尾幸作、斎藤留蔵の五人、さらに医師見習の二人が抜けているので、これらを追加すると士官クラスは二六人となり、後の資料と一致する。[11] これで士官クラスと水夫クラスの合計は九一人となるが、総数は九六人と書かれている。ゆえに、五人が不明者と解釈せざるを得ない。

②鈴藤勇次郎は軍用方士官であった。彼の残した「航亜日記」の冒頭に士官クラスの名前がある。[12]
ただし、軍艦奉行家来五人（うち医師門人二人）、頭取家来一人とあるが名前の記述がない。また水夫クラスは幹部のみ名前の記述がある。注目すべきは、水夫クラスの数が多いことと、水夫クラスに茶番四人が含まれ、さらに「茶番取締」という役があったとのことである。茶番とは字のとおり、お茶を用意する役ではあるが、実際は、食事の用意など多くの仕事をしたのではないかと思われる。ただし誰が茶番かは分からない。

③石川政太郎は瀬戸内の塩飽（「しわく」、「しあく」）出身の咸臨丸の帆の仕立役で、彼の残した「安政七年日記」に乗組員の名前がある。[13] それについて『史料集成』の編者も指摘しているが、士官クラスに「吉岡」という名前が二人ある。一人は吉岡勇平である。しかし、二番目の吉岡は姓のみの記述で、ここではこの「吉岡《ママ》」（ママは『史料集成』の編者の注）は士官クラスから外す。さらに摂津守従者も抜けているので、その五人を加えると士官クラスは二六人となり、文倉などと一致する。水夫クラスについては後で整理する。

咸臨丸で実際に渡米した人物の日記などで確認できるのは士分によるものが多いが、それらには乗組員中の水夫クラス氏名の記載がないか、あっても幹部クラスしかない。しかし、石川は帆仕立役であったが、彼の残した日記は詳細であり、特に乗組員中の水夫クラスの氏名についてはそれが現実のものであったと評価したい。

④斎藤留蔵は摂津守従者の一人で、「亜行新書」を残した。[14] 彼の文書では士官クラスの一人が抜けているので、これを加えると士官クラスは二六人となる。他方、水夫クラスの名前はないが、彼はここに士官茶番三人と水夫茶番二人を含めている。現実には茶番という役があったと想像できるので、この五人を認めても、それ以外の水夫クラスの数は七二人となり、他の資料より相当多くなっている。②の鈴藤の記録にも茶番四人があり、この役は必須であったと思えるが、その数や名前は明確でない。

⑤尾佐竹猛は幕府が米国と欧州に派遣した四つの使節団について詳細をまとめている。[15] 尾佐竹は現在の最高裁判所に相当する大審院の判事を務めた法律家で、一九二九年にこの遣米使節団について『夷狄の国へ――幕末遣外使節物語』のなかで論じた。団員の日記（例えば副使の村垣やポーハタン号の米海軍士官の記録など）と現地報道記事を多く引用している。その冒頭に咸臨丸の乗組員の名簿が掲載されているが、士官クラスでは、従者の二人が抜けているのでこれを加えると二六人となる。また、水夫クラスの総数六七人は文倉の『幕末軍艦咸臨丸』と一致するが、その名前に異なるところがある。尾佐竹の『夷狄の国へ――幕末遣外使節物語』にはデータの出所は記述されていないが、引用文はほとんどが使節団員の日記などであることから、人数や氏名はそ

のような資料から整理したものと思われる。

⑥咸臨丸に関しては文倉平次郎による『幕末軍艦咸臨丸』が、多くの情報を提供してきた。文倉は一八八六年に「桑港に初めて往った」とあり、当時、サンフランシスコ領事であった陸奥廣吉による「まえがき」では、「明治三六〔一九〇三〕年帰朝」と紹介されている。[16]文倉は乗組員総数を九六人とし、これは「亜行日記」（吉岡勇平著）を参考にしたとある。吉岡はこのなかで初めて乗組員に不明者が三人いることを明確にした。さらにこの三人のうち、一人を船将勝麟太郎の従者、他の二人を調髪師や賄い方などでないかと推定している。[17]

実は、咸臨丸関係の資料には、不明者についての情報は少ない。しかし、日本人乗組員だけで九〇数人もいたなかで、鈴藤による「航亜日記」や斎藤による「亜行新書」にある茶番あるいは賄い方、さらには調髪師がいなかったというほうが、むしろ不思議に思われる。現に、『デイリー・アルタ・カリフォルニア』の三月一八日版は、木村提督と士官の肥田浜五郎が調髪や洗髪を受けている風景を報じており、正式の式典や歓迎宴も多く、調髪師の存在は必須でなかったかと思われる。[18]もし、その職があったとすれば、水夫クラスに含まれていたのか、あるいはその名前は、乗組員の記憶にも記録にも残っていなかったのか。

⑦『史料集成』第六巻にも、遣米使節団と咸臨丸乗組員の名簿が掲載されている。[19]これによると

士官クラス二六人とある。ただし、勝麟太郎の従者は「某」となっている。

⑧『史料集成』第七巻、金井圓による「遣米使節関係資料の概要」に記載の乗組員の氏名は、文倉のものと一致している。[20] なお、金井は乗組員に関してその生年（没年）、別名、日記文書や遺品の有無など詳細な情報を提供している。

⑨図表4-2では文倉『幕末軍艦咸臨丸』と宮永『万延元年の遣米使節団』の士官クラスについての二六人の名前は両者一致している。[21] 水夫クラスについては後で整理する。

⑩咸臨丸子孫の会（以下、子孫の会）のホームページに咸臨丸乗組員の詳細が載せられており、[22] 本章ではこれを基本データとした。

以上のほかにも咸臨丸乗組員に関して述べている資料は多いが、ここでは右記の一〇件に絞った。[23]

総数は九六人か

以上のように、資料の執筆時期にもよるが、渡米した人物自身が残した記録にもばらつきがある。しかし、言えることは、一九三八年に刊行された文倉による『幕末軍艦咸臨丸』の内容が、多くの点で妥当であるということである。これは本章の結論ではないが、とりあえず、総数は九六人、不明者は三人であったとして話を進めたい。そもそも、この総数は木村提督の「奉使米利堅紀行」に書かれているものである。文倉は、咸臨丸のサンフランシスコ到着時の地元新聞に船夫五七人とあることをこの数字の根拠に挙げているが、これはどうも説得力が弱い（船夫五七人というのは、図表4－2の水夫クラスの六七人から、大工・鍛冶の二人、小頭職相当の八人の計一〇人を引いた数）。

不明者一人の発見

　これまで咸臨丸から米国で不明になったのは三人とされていて、それが誰であったのかを解明するために多くの方々が努力されてきた。不明者のうちの一人と目された瀬野昇平という人物が、実は帰国していたとの事実が、佐柳島の乗蓮寺の扁額で判明したとの経緯が、ウェブ上で明らかになっている。[24] 一八九四年に、瀬野が塩飽列島佐《さ》柳《なぎ》島の乗蓮寺に奉納した扁額の由緒文に、本人が咸臨丸で渡米し、安政七〔万延元〕年七月に帰国したと書かれているという内容である。この文には幕末から明治中期までの本人の経歴の詳細がある。

　そこでこの扁額について筆者も現地調査を行った。確かにそこには安政七年正月に咸臨丸で渡米したことが書かれている。瀬野は佐柳島出身で、そのお墓は乗蓮寺にあり、没年は一九〇九年で、扁額の寄進年月と矛盾しない。ただし、墓碑には「瀬野昌平」とあり、戒名には「海」と

「臨」の文字が含まれている。また、扁額文には安政二年（一八五五年）にオランダが徳川公に献上した「観光丸」にて「阿蘭陀伝習を受け、一等水夫」となったことも記述されている。

しかし、万延元年七月（旧暦）の帰国だと、これは後で述べるが、病院に残された人々と一緒のグループであったことになる。また、彼の名前は長崎海軍伝習所生（第一期から三期）の名簿には見つからない。[25] ただし、伝習所では幕府派遣以外に、諸藩からの士族も参加し、また職方の伝習も行われたので、この名簿以外の伝習生もいた可能性はある。加えて、既述の石川政太郎の日記にある名簿に瀬野は含まれていない。これは両人が同じ塩飽列島の出身であることからすれば、考えにくい話である。以上のように残念ながら、瀬野昇平が不明者の一人であるかどうかについては、これ以上の確証は取れなかった。

もう一人の不明者

従来、咸臨丸乗組員のうち行方が分からなくなった不明者（脱落者）とされてきたのは、勝麟太郎の従者である。鈴藤の「航亜日記」や咸臨丸の長崎・火焚役小頭であった嘉八の残した「異国の言の葉」に「頭取家来一人」とある。[26] 文倉はこの件について「先年氷川の勝家に問合したが少しも分からない」としている。[27] 文倉の『幕末軍艦咸臨丸』の発刊は一九三八年である。他方、勝麟太郎の死去は一八九九年のことであり、彼の執筆時の問い合わせには、応えられる人は誰もいなかったのであろう。

しかし、脱落者の存在に関する文書として、米側に決定的な記録がある。まず、次の一八六〇年五月九日付の現地の新聞記事をみてみよう。

昨日、コルベット艦が出航した際に、カンディンマロ〔咸臨丸〕の乗組員の一人である日本人船員がうっかり置き去りにされたことがわかりました。当局がその事実を調査し、その男を保護し、助けるための措置を講じ、彼が日本の大使一行の従者として合流するために、次の汽船によって彼をワシントンに送ることが望まれます。[28]

しかし、これは本当に「うっかり置き去り」であったのだろうか。記事では、彼は放っておかれるべきではなく、ワシントンDCに送るのが彼のためである、と続く。管見の限り動機が詳しく調査された後の報道はないのだが、むしろ「置き去り」が、当人の目論見であったのかもしれない。ただ、この人物が身分制度の下で行動していたことにかんがみると、何等かの命を帯びて残留した可能性もあるように思われる。

加えて、二〇〇〇年一月一日の『四国新聞』に、記者がカリフォルニアのヴァレホ海軍歴史博物館を取材した記事がある。[29]その折、司書のルーシーさん（当時七九歳）から、一八六〇年の咸臨丸出帆のおり、残留者が一人いたことが著書に残っていると聞かされた。[30]これによるとその人物は若者で、それを助けたのはスコットランド人の技師であった。彼は咸臨丸が帰国の途につくため出航するまで、この若者にサンドウィッチなどを運び、造船所の浮きドック内にかくまったとある。宗像善樹は、サンドイッチ等を渡されていたこの人物が勝の従者であったと示唆する。日時は咸臨丸出航後、氏名、年齢は若年と書かれるものの不明である。[31] 現在のところ、逃亡者が勝の従者であるという仮説には、実証するだけの史料が不足している。

それでも勝の従者といわれる人物が、図表4－2にある石川政太郎の日記に記載された「吉岡《ママ》」であったのではないかとの仮説を本章では提示したい。つまり、残留者の名前は「吉岡」であったとの仮説である。その理由は、石川日記は既述のように信頼性が高いと評価できることによる。石川は後年、日記の執筆時に士分の「吉岡勇平」（公用方）の他に、もう一人の士分「吉岡」（勤番調方）がいたことは覚えていた。しかし、その人物の下の名前（フルネーム）が思い出せなかったということでないだろうか。

水夫クラスの名前の整理

水夫クラスについては図表4－2のように総数にばらつきが見られたが、名前に関して不明なのは次の通りである。

「子孫の会」の名簿にあり、石川「安政七年日記」、文倉『幕末軍艦咸臨丸』にないもの　吉之介（長崎・火焚）

宮永『万延元年の遣米使節団』にあり、石川「安政七年日記」、「子孫の会」、文倉の『幕末軍艦咸臨丸』にないもの　清三郎（塩飽・水夫）

測量を担当した小野友五郎の航海日誌には、木村提督より褒美を受けた者の中に「吉之介」があるが、「子孫の会」の名簿には「吉之助」（あるいは「吉之介」）は二人いて非常にややこしい話で、詳細は確認できない。[32] また、「清三郎」に関しては、宮永以外の資料には記述がないことから、ここでは員数に入れない。

実際、文倉は一九三三年ごろ長崎で実地調査を行ったが、その時点（咸臨丸派遣から約七〇年後）で、もはや確定できないことが多かったことを次のように綴っている。

……兵吉が平となり、源次郎が元、信次郎が延に共通し……、瀧が竹となり、勝が辰と……殊に長崎側の船夫に不明な点あり、……嘉右衛門とか、火焚の九八・竹次郎・国太郎……乗って居るのか否か分からないけれど、亜行日記に拠って五十七人に纏めたのである……。水火夫の五十七人なる事は、桑港新聞ブレッチンが……船夫五十七人……とある事にて一致して居る[33]……

以上、士官クラスは二六人、水夫クラスは六七人で、当初は、三人が不明者ではないかと思われた。しかし、その後、「瀬野昇平」が見つかったのとの報告がある。さらに、勝麟太郎の従者については、「鈴藤日記」などにその記述があり実在したので、既述のとおり、これは石川政太郎の日記にある「吉岡」の可能性がある。ゆえに勘定の上で、残りの不明者は一人となる。しかし、この不明者については現在のところ、何の情報も確認できない。

4　乗組員の記録――センサスと死亡統計

一八六〇年のセンサスとの比較

ここからは、アメリカで残されたセンサスの記録についてみていこう。既に記したように、米国においては一七九〇年から一〇年ごとにセンサスが行われてきた。そこに、「日本人」はいつ頃から現れたのか。菅（七戸）が明らかにしたように、一八六〇年に「日本生まれ」への記録があったのである。しかもセンサスに記載されたのは、咸臨丸の水夫であった。[34]

一八六〇年の第八回センサスの調査は全米で六月一日から開始され、サンフランシスコの合衆国船員病院の地区では、六月二五日に行われた。菅（七戸）はセンサス調査票で、生まれが

氏名	年齢	職業	対応する人物	年齢（日本側資料）	備考
Tom Kil Shon	21	水夫	富蔵か？	21 ？	
Mi Mea Chick Kee	21	同上	峯吉	不明	
Githon Zeac	22	同上	治作	22	
Maron Moto	21	同上	松太郎か？	18	
Ku Chee Go Ke	44	同上	吉松「きちまつ」か？	40	看護人
Ye Se Fa	25	同上	好平「よしへい」か？	40	
In Do tt	21	同上	久太夫か？	21	年齢は合う
A Chie Chie	23	同上	栄吉	23	
Peter Counne	30	使用人	惣八か？	35	

図表4-3　1860年センサス調査票に「日本生まれ」とある人々
出典：Population schedule of the U.S. Census, District 9, San Francisco, California, 1860

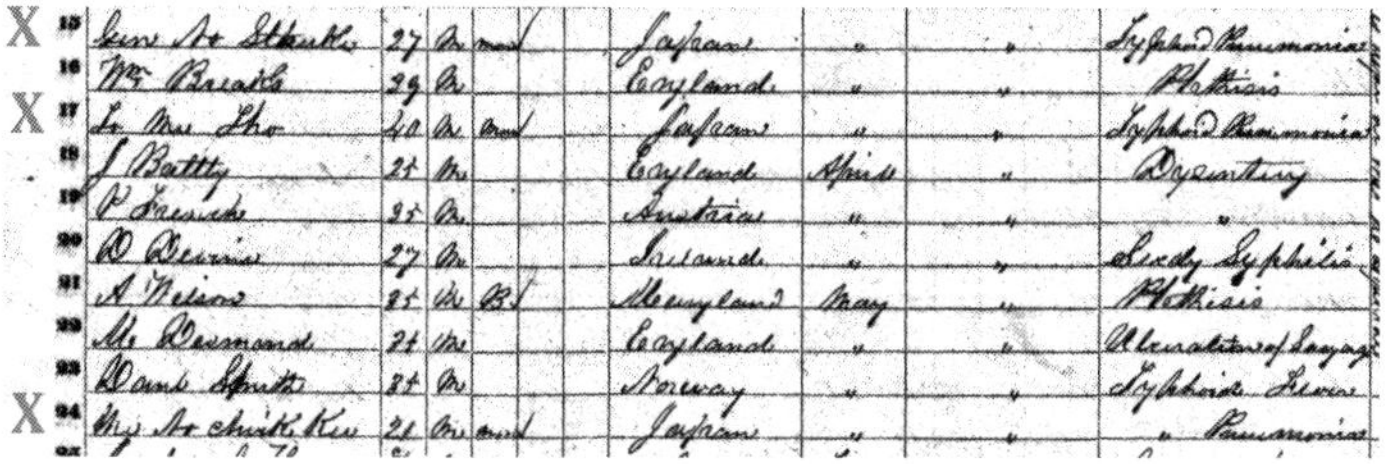

図表4-4　1860年センサス死亡統計に載った咸臨丸の水夫
出典：U.S. Census, Schedule 3, Persons who died during the year ending 1st June 1860
注：1860年のセンサスでのサンフランシスコ当該地区における6月1日までの死亡統計からの抜粋。左より「X」印が日本人、番号、名前、年齢、性別、（三つ飛んで）出身地、死去月、（一つ飛んで）死因の順

“Japan”と記入されている九人のうち、その名前が入院していた咸臨丸水夫たちと一致するものが多いことを見つけた。その結果も含め整理した内容を図表4－3に示す。

この表で左の三列がセンサス調査票の記入データ、右の三列がここでの解釈である。ただし、調査票にある「性別」、「生まれた場所」、サンフランシスコでの「居住地区」は除いた。

菅（七戸）が触れているように、名前については、表中の峯吉“Mi Mea Chick Kee”や栄吉の“A Chie Chie”のように日本語名と照合できるものもあれば、できないものもある。[35] 富蔵も“Tom Kil Shon”で十分に対応している。“Githon Zeac”が治作であろうか。“Ku Chee Go Ke”の場合、職業は「水夫」であるが、他に比べて四四歳と年齢が高い点が際立っていて、これは看護人として付き添った人物の名前の可能性がある。さらに想像をいれて、残留者の名前を適合させた項に「?」を付けた。もちろん、年齢はそれを助けるデータであるが、必ずしも一致しないものもある。また、後出の延次郎に相当する氏名は図表4－3では見つからない。

死亡統計では

次に一八六〇年の米国センサスによるその年の死亡者統計を図表4－4に示す。これはサンフランシスコでの日本人三人の部分を抜き出したものである。[36]

「X」印の三人が源之助、富蔵、峯吉に対応し、年齢はそれぞれ二七歳、四〇歳、二一歳とある。このセンサス資料には死因も書いてある。三人ともに“Typhoid Pneumonia”と読める。これは

「腸チフス（性）肺炎」であったと思われ、新しい発見である。木村提督の「奉使米利堅紀行」では、病名は「七八名瘟疫に犯され、危篤の者あり」と書かれた。[37]「瘟疫《おんえき》」とは、発熱し体がむれる病気（漢字源）、あるいは一時的にはやる伝染病（広辞苑）を意味する。伝染性の肺炎と書かれた死亡統計の病名と相応していたことが分かる。

入院時の特別な扱い――船員病院にて

三月後半に咸臨丸が修理に入ってからは、サンフランシスコの喧噪から離れたソラノ郡ヴァレホにあるメーア島の宿舎に士官と水夫が二棟に分かれて滞在した。二棟とも立派な官舎であったことが水夫政太郎の写生図に描かれている（図表4-5）。咸臨丸の修理中、木村や勝ら日本人はメーア島とサンフランシスコとの往来をしばしば行っていた。

咸臨丸はわずか四〇〇トン程度の船であり、とくに水夫クラスの船内での生活環境は非常に悪く、屈強な水夫であっても病に倒れたのであろう。彼らへの見舞いには食べ物の差し入れも許されていた。心細く思う病人が看護人として同僚の付き添いを希望したところ、規定の看護師でなければ許可が出ないにもかかわらず、特別に付き添いを病人とみなすことで入院が許されたという。[38]四月六日には現地で喧嘩さわぎを起こし梅毒の治療も受けていたポーハタン号の賄方下男半次郎を入院させた。その際には松岡盤吉（教授方）と（中浜）万次郎（通弁主任）が付き添った。四月一五日、全快の吉之助が退院。その際には、病院見舞いの吉岡、牧山等は吉之助及びポーハタンの病人（半次郎であろう）を引き取り、サンフランシスコから船で夜中に戻った。[39]

四月二一日には火焚の峯吉が入院。木村や勝ら一行の帰国数日前の五月三日には勝、小野、牧山、中浜が船員病院に見舞いに行った。しかし、峯吉は咸臨丸が出航した後、五月二〇日に亡くなった。

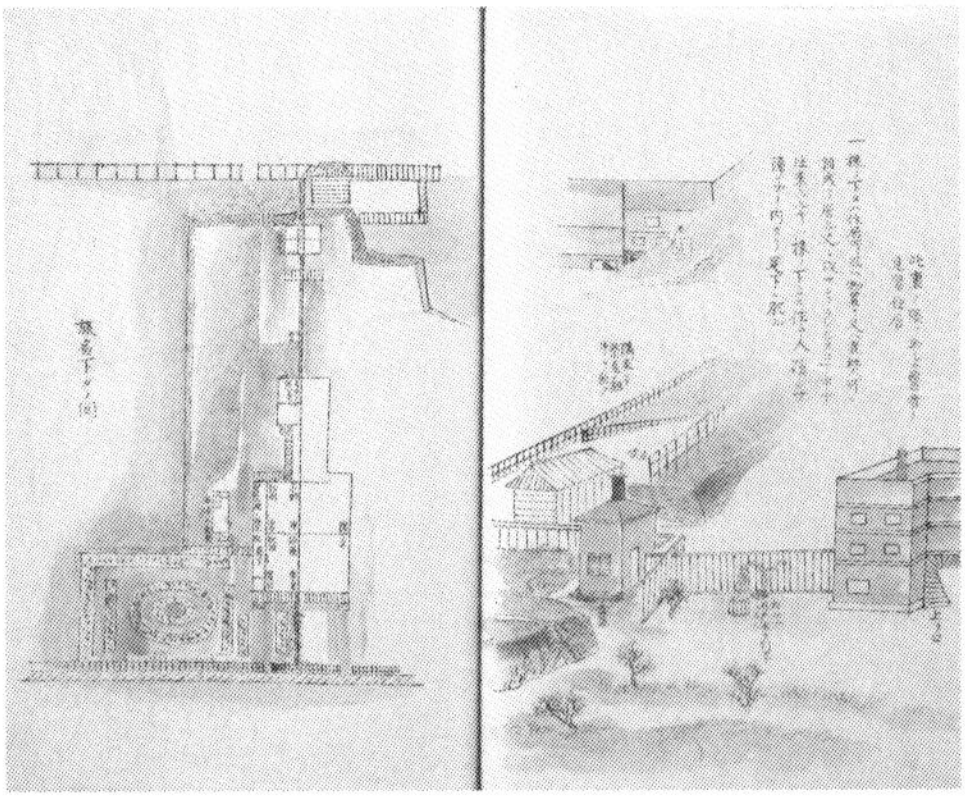

図表4-5　メーア島海軍造船所の官舎
出典：「安政七年咸臨丸洋行日録」

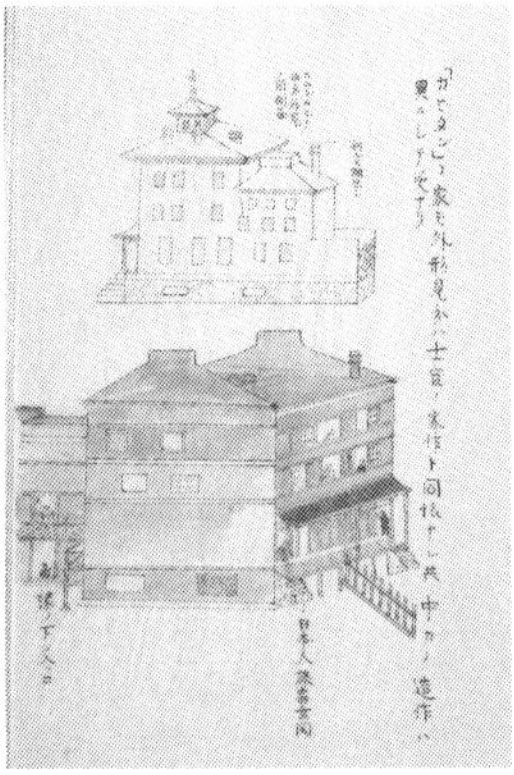

図表4-6　「カピタン」の家
出典：「安政七年咸臨丸洋行日録」

長尾幸作の動き

さてここで、木村の従僕として渡航した長尾幸作〔後に土居咲吾と改名〕の動きに注目したい。彼は広島の医家の息子で医師の卵であった。塩飽水夫の源之助と富蔵がまず船員病院に入院したのち、三月二一日、長尾も入院した。その際根津欽次郎〔運用方手伝〕、小永井五八郎〔公用方下役〕、中浜が付き添った。先に紹介したように、源之助は三月二一日、そして富蔵は三月三〇日に亡くなった。二人と同じ病室に入院していた長尾は水夫の死に立ち会ったのである。

長尾自身は三月二二日から翌月中旬まで入院した。彼は病気が良くなるにつれて、病院長リンドの部屋に何度か訪問して「種々医具」や「珍物」を見たり、「産婦等の手術を聞く」機会を持ったりしている。[40] センサスでは世帯主として病院の記録を回答したと思われるリンドと、日本人医師の卵との交流は数度にわたった。そして四月一六日の退院時には、中浜が今度は木村の名代として訪問し、病院側に正確に木村の謝意を伝えたという。[41]

船員病院での手厚い看護と清潔さといった病院の行き届いたさまを、退院した長尾や水夫らから聞き、小野は以下のように記録に残

写真4-2　咸臨丸のメンバー
長尾幸作
出典：『万延元年遣米使節史料集成』第4巻、1961年

している。

……同病院は海岸にある三階建て大家屋にて、病室多く一室に十人乃至十七、八人位を居れ、風通し穴も各部屋にあり、病人の敷布は七日毎に取替え、又肌着其他まで洗いたる品と取替え又は洗濯致し、大病人は大小便共厭いなく〔嫌がらず〕厚く世話し、その取扱方至って親切なりとは実に感ずるべき次第なり。[42]

一方入院した長尾も、病院での公衆衛生の徹底ぶりと医療従事者の水準の高さへ驚嘆した気持ちを残した。彼は、担当医のリンドが別れるのは惜しいとの気持ちを表したと述べているが、鈴藤勇次郎〔運用方〕によれば、リンドは「涕〔涙〕を流した」ほどであったという。その時の経験から長尾は、新しい国であるアメリカ人の方が、人情が正直、親切で、アジアはその点、古い国で人は薄情だとさえ感じたのだった。[43]長尾にとっては、入院はポジティブな異文化体験となったのである。このことは後述する竹内使節団への同行を求めた際に長尾本人が語ったとされる、「アメリカに行きたかった」との密航の動機と符合するのである。

貿易商チャールズ・W・ブルークスの活躍

次に、前章にも登場した貿易商チャールズ・W・ブルークスについて述べたい。亡くなった水夫たちのお墓を建てる際、ブルークスは大変な働きをした。その墓碑銘と死去の日付は次のようになっている。[44]

GIN-NO-SKI（注 源之助、塩飽水夫） 一八六〇年三月二二日
TOME-TZO（注 富蔵、塩飽水夫） 三月三〇日
ME-NAY-KEE-TCHEE（注 峯吉、長崎火焚） 五月二〇日

これはいずれも陽暦によるもので、「子孫の会」の資料では源之助の逝去は三月二三日となっている。現地三月二四日付の『デイリー・アルタ・カリフォルニア』紙には「咸臨丸号の日本人船員の一人が木曜日亡くなった。……彼は市内の船員病院の敷地内に埋葬される予定である」と書かれていた。[45]また、ブルークスは下記の通り勝の買物にも同行した。

〔四月二四日〕三時半より勝艦長初め諸買物に立出で、ブルークスも同道して六時迄出あるく、然るに此の日箱館出船のブルークスの船が明日に延び、其用の為め、ブルークスは殊の外多忙となり、明日の買物案内を旅館の者に頼んで彼は帰宅した。[46]

翌日の買物は、ブルークスの代わりにおそらくはインターナショナルホテルの「旅館主ジャンへ

ールが案内」したという。さらに勝が購入した「経線儀は……ブルークスが自分の持船で態々持越す」といった便宜も図ったのだった。[47] 木村喜毅はこうした働きぶりと人格について激賞していた。

ブルークスは予を送り船に乗組み来たりし。第十二時の頃港外に出しが懇ろに別れを告げて、己が携え来たりし軽船に乗って帰りたり。この人はまだ年少なれども温良にして才敏く、着船の初めより全ての事を周旋し、船中の用弁を何事によらずこの人に託せしに懇切に取扱い、終日奔走し更に寝食の暇もなき程なりき。[48]

加えて注目したいのは、ブルークスが太平洋航路の船を持っていて、太平洋航路の出航スケジュールが分かっていたことである。木村がブルークスが「温良」であるばかりでなく「才敏く」と見抜いていたように、日本人の世話をすることには、彼にとって大きなビジネス上の利益をも伴っていたのである。

残された水夫の数

咸臨丸は、メーア島の海軍造船所で修理を受け、五月八日にサンフランシスコを出港、日本へ向かった。しかし、病気により同地の船員病院に残された人々がいた。勝は塩飽の水夫小頭豊島兵吉と向き合って、まず汚れた蒲団の代わりに新しい蒲団を全員に与えたうえで、万事ブルークスに任せることにしたので安心するようにと説得した。これに兵吉も納得したことが書き残されている。

木村様と論談され候由を御咄し聞かせ遊ばされ候、此時面々共感し、恐れ入り何とも申し様之無き次第也。[49]

実は、残された乗組員の数も資料により違っていて、その数には八から一〇人の差がある。「子孫の会」の名簿を参考にすると、残ったのは次の一〇人である。

病人氏名（年齢、出身）
滝蔵（二一歳、長崎）　峯吉（不明、長崎）　治作（二二歳、塩飽）
松太郎（一八歳、塩飽）　好平（四〇歳、塩飽）　延次郎（四〇歳、塩飽）
久太夫（二一歳、長崎）　栄吉（二三歳、長崎）

看護人氏名（年齢、出身）
吉松（四六歳、塩飽）　惣八（三五歳、長崎）

また、資料によって異なっているのは次の点である。

①塩飽・水夫の延次郎が含まれていない資料があること。例えば『史料集成』第七巻。

②万延元年遣米使節団（ポーハタン号）のメンバーに、病気により合衆国船員病院に残された半次郎についての記載の有無。

使節団からも病人が出たことは、火焚小頭嘉八の「異国の言の葉」にも記述がある。[50]万延元年遣米使節子孫の会による団員名簿によれば、半次郎は武蔵久良岐郡島村出身の五五歳。[51]「奉使米利堅紀行」のなかには、看病人二人と計一〇人が残ったと書かれているが、右記の子孫の会による一〇人に半次郎を足すならば、一一人が残ったことになる。[52]

残された人数同様に、咸臨丸より遅れて帰国した人数についても文献によって異なる記述がある。文倉などは、帰国したのは計一〇人であったとする。[53]しかし、嘉八の「異国の言の葉」では、病人七人にポーハタン号の一人を加えた八人に看病人二人の合計一〇人がサンフランシスコに残り、そのなかで峯吉が亡くなったので、あとの病人は陰暦一〇月に箱館に戻り、翌月箱館奉行と同じ船で浦賀に戻った、と書かれている。[54]つまり、箱館行きの船に乗ったのは九人だと読めるのである。一八六〇年五月二六日付『デイリー・アルタ・カリフォルニア』にも嘉八と同じ九人との数字が出てくる。すなわち、ブルークスからの情報として、九人が病院を出たが、帰国の船に乗るほどには回復していないこと、次の日本に出航する船で帰国できそうなこと、そして一人の葬儀がブルークスの指示によって執り行われたことが言及されている。[55]

帰国が遅れた水夫の合衆国船員病院からの退院後の五月以降は、勝や木村が頼ったブルークスだけでなく、ロバート・B・カニンハム提督がメーア島において彼らに対して最善の世話をした。[56]とはいえ、三ヶ月近くメーア島にいた水夫たちには不安や様々な気持ちがよぎったことは想像に難くない。一方、同じ水夫だけで残ったため、それまでよりも自由度が増したのかもしれない。いずれにせよ、八月には水夫たちは帰国の途についた。一八六〇年八月一七日付の地元新聞記事には「ブルークスの尽力により、亡くなった一人を除く、九人の水夫が箱館に向けて出航した」と書かれている。[57]ここでもブルークスが出所で人数は九人である。ポーハタン号の半次郎を数に入れなかったのかもしれないが、ブルークスが人数を間違えるとは想像がしにくい。それとも病気が治ったのにもかかわらず、帰国を選ばなかった/しなかった人物がいたのであろうか。

水夫たちは、既述の通り箱館に着いたのち、箱館奉行と同じ船で浦賀に送り返されたという。その後については、管見の限り、帰国後の動向が分かる人々のなかでは、咸臨丸で小笠原に赴いたり、戊辰戦争で戦死したりと、幕府とともに行動したものが目立っている。また、好平が一八七二年、延次郎が一八九四年、松太郎が一九〇一年に亡くなっていた。吉松の場合、死亡年は分からないが、帰国後、水夫小頭に昇格したとの記録が残っている。[58]帰国後の動向と死亡年がともに不明なのは、長崎の栄吉・惣八・滝蔵・久太夫の四人である。このうち看病人として残った惣八以外の三人は、二〇代前半であった。これら水夫たちのうち一人が帰国をしなかったために、帰国者が九名と報告された可能性は排除できない。咸臨丸からの脱落者はサンフランシスコにいたはずなので、彼らは何等かのやり取りをして事前に示し合わせていたのかもしれない。ポーハタン号の半次郎の動向も不明だが、彼は五五歳と高齢であった。仮に半次郎が残ったのだとしても、南北戦争に従軍した人物としては年齢があまりにも離れている。よって南北戦争に従軍した人物の可能性は、病気で残留したもののうち若い水夫三人に絞られる。ただし、彼らが希望通り遅れて帰国したのならば、再渡米の手段は限られていたため、その可能性は非常に低いと思われる。

5　万延元年の遣米使節団

使節団の旅程

次に万延元年の遣米使節団についてである。使節団は正使・新見豊前守正興、副使・村垣淡路守範正、監察・小栗豊後守忠順のほか、幕臣とその従者、諸藩からの参加者、通弁、医師、賄方など総勢七七人の大所帯であった。一行は米艦ポーハタン号に搭乗した[59]。ポーハタン号は、ペリー艦隊の旗艦で、三八六五排水トン、日米修好通商条約はこの艦上で調印された。彼らはこの大人数で、品川から東行しホノルル、サンフランシスコ、パナマを経て、ワシントンDCに至った。そこでの任務を終えて、さらに東に向かって南アフリカの喜望峰を回り、地球を一周して帰国した（図表4－1参照）。主な日程と訪問地を次にあげる。

一八六〇年（安政七年、西暦四月八日から万延元年となる）

二月一三日　ポーハタン号にて横浜発
三月　六日　ホノルル着、同一〇日　カメハメハ四世に謁見
同　三〇日　サンフランシスコ着、咸臨丸乗組員と再会
四月二四日　ポーハタン号にてパナマ着、汽車にてアスピンウォール着、米艦ロアノーク号に乗船
五月一四日　ワシントンDC着
同　一七日　ジェームズ・ブキャナン大統領に謁見
同　一八日　大統領主催歓迎会出席
同　二二日　通商条約批准書交換
同　二五日　大統領主催晩餐会出席

写真4-3　ワシントンDC海軍工廠での使節団
出典：『万延元年遣米使節図録』国立国会図書館デジタルコレクション

六月一六日　ボルティモア、フィラデルフィアを経由し、ニューヨーク着
同　　三〇日　ニューヨーク発　米艦ナイアガラ号に乗船
八月　　六日　喜望峰南方を通過して、ポルトガル領コンゴ、ルアンダ着
九月三〇日　（日本時間）オランダ領バタヴィア（現ジャカルタ）着
一一月九日　香港を経由して品川着

このように九ヶ月以上にわたる大旅行は、団員にとって異文化体験そのものであった。後に慶應義塾を創設した福沢諭吉は、使節団ではなく咸臨丸にて初渡米し、さらに次節に述べる竹内使節団員としても渡欧した。彼はそのときの経験を『福翁自伝』として綴っており、その幾つかを尾佐竹も引用しているが、ここにも現実味に富む話が多い[60]。

大歓迎の波

日本人の全員が初めての長期航海であり、初めての汽車の搭乗などで予想もできなかった場面に出くわし、珍事も多かった。遠路賓客が来たのだから、訪問先ごとに市長ら関係者から大歓迎を受けた。しかし、いつも問題となるのは衣食住である。「衣」については、大小を差し、陣笠を冠り、雪駄《せった》をはき、羽織はかまを着け、髷を結っていたので、物珍しさから非常に多くの見物人がいて、とても外出などできないほどであったとのことである。

船酔いはもちろん、「食」には困惑した。彼らはこのことは予想して、あらかじめ米、みそ、醤油、炭などは多く準備し、ポーハタン号に積み込んだ。しかし、いつもそれだけで済ますことは不可能であり、とくに牛、豚、鳥などの肉食には耐えられない者もいたであろう。「住」もさらに問題。困ったのは便器の使い方、風呂の使い方、さらにはベッドでの寝起きであった。[61]

図表4-7　ニューヨークユニオンスクエアにおける日本使節団
出典：『万延元年遣米使節図録』国立国会図書館デジタルコレクション

使節団は首都ワシントンでの主任務を終えて、ニューヨークに到着し、約二週間の滞在の間、市民から熱烈な歓迎を受けた。在ニューヨーク日本国総領事館のホームページにはその時の様子が描かれている。

一行に敬意を表しブロードウェーでパレードが催された。この時、日米両国の国旗が各所に掲げられたブロードウェーは、五〇万人の観客で溢れかえり、ビルの窓から身を乗り出したり、電信柱に登って見物したりする姿も見受けられた。パレードは、ダウンタウンからユニオン・スクエアに至るコースを行進し、最終地点では軍による閲兵式が行われた〔図表4－7参照〕。

パレードに訪れた詩人ウォルト・ホイットマンがその印象を書いた「ブロードウェーの華麗な行列」は『草の葉』のなかに収められた[62]。非常に大きな規模のパレードを通じて、日本人をみたことや聞いたことがあるニューヨーカーが一気に増えた。シリングは、ニューヨーカーのこの経験を、サイモン・ダンが一八六三年末にブルックリンで入隊した時、日本生まれの彼を日本人と正確にみなした根拠にしているほどである[63]。

ニューヨーク市主催のダンスパーティも開催され、その壮大で華麗な光景を描く挿絵が『ハーパーズ・ウィークリー』の六月二五日版に掲載された[64]。そのなかで日本人使節団は一番奥にかすかに見える程度で描かれていて、クローズアップされてはいない。パーティの壮大さを強調する意図は、腐敗したボス政治家が税金を使ってチケットを不当に売りさばいたとの批判と連動していた。『ハーパーズ・ウィークリー』の六月三〇日版の記事は、ニューヨークにおける政治対立を背景に、これほど壮大なパーティは必要なかったと非難の論調に満ちていた。[65]

使節団からの脱落者は

ところで使節団からの脱落するものがいたとしたら、そうした行為は日本にいる家族、自分の地位・名誉、財産などをすべて捨てることを意味する。よって前章でみた密航者のようにアメリカで勉強するなどよほどの強い希望がない限り、恵まれた立場の人物がアメリカの地で脱落することは考えられない。

一方で、後に、この使節団のなかから「日本人初の政治亡命者」が出た、と言われている。[66] それは外国奉行支配調役の塚原重五郎昌義と、外国奉行支配定役の松本三乃丞春房（松本寿太夫）の二人である。訪米時に塚原は三六歳、松本は三〇歳であった。ただし「政治亡命者」になったのは、一八六〇年の米国訪問時ではない。塚原にはワシントンDCの海軍工廠において他の使節団員とともに撮った記念写真がある（写真4－3参照）。訪問時の塚原の評判は非常によく「使節団の代表の中でも最も表情に富んでおり、何でも非常に興味をもってみていた。絵画にとても興味があるようにみえ、文芸を愛する性向があるようだ。目は澄んでおり、鋭く、日本人にしては美しい。……使節団の重要な討議ではたびたび意見を求められ、その発言は重きを持っている。

英語の習得にも熱心であり、上達も目覚ましい」と激賞されている。アメリカ側で随行した人物の話として「塚原は日本でも最も嘱望されている人物の一人であるらしく、こんど帰国すれば政府の要職につくことは間違いない」[67]とまで言われている人物が、訪米中に脱落する理由などなかった。

そのような塚原がアメリカへ「亡命した」のは、一八六八年の鳥羽・伏見の戦いで副総督として幕軍を指揮し、敗軍の将となってからのことである。塚原は、一八六八年二月九日、徳川慶喜から免職・登営禁止の命を受けたのち、四月に大坂町奉行並となっていた松本寿太夫とともにアメリカに逃亡した。一八六九年六月一七日付の『サンフランシスコ・クロニクル』には、ユージン・ヴァンリードによって「労働交換で職を求めるために」来た、日本人移民集団についての記述が見られ、彼らは「ヴァンリードのアドバイスによって、アラメダ郡に農場を借り、自給のみならず大きな利益を得るようになった」と書かれた。ヴァンリードとは、幕末に日本からの人と物の移動に絡んで商才をみせた人物の代表格である。小澤智子によれば彼は一八五八年に「冒険心に駆り立てられて」カリフォルニアから日本に向けて旅立ち、経由地ハワイにおいて、サンフランシスコで出会っていたジョセフ・ヒコに再会し、ともに日本へ渡航した。[68]

記事に戻ると、日本人移民集団には「江戸の知事〔ガバナー〕」と、条約を結ぶためアメリカとヨーロッパに政府によって派遣された」二人がいて、彼らは「ミカドを満足させるには考え方がリベラル過ぎ……避難せざるを得なくなった、洗練され影響力を持つ人物」だと描写する。この二人こそ、塚原と松本であったと思われる。[69] 塚原の「亡命」期間は三年弱で、一八七〇年一二月に帰国、一時アメリカ領事に匿われたという。一八七一年、静岡藩御預処分となる。翌年二月に太政官から赦免された後、武田昌次と名を改めて明治政府下で役人となった。[70]

一八六〇年に戻り、訪問時に使節団から脱落者は出たのであろうか。答えは限りなく否に近い。既述の通り、使節団は賄方下男半次郎を、病気のために往路のサンフランシスコにて下船させた。残留していた咸臨丸の乗組員と同じ合衆国船員病院に入院させ、治癒後、一緒に帰国させる手配がなされた。可能性は低いとはいえ、帰国者の数字が異なることと、半次郎のその後が不明であることから、使節団から脱落者が出たとしたらそれは彼しかいない。[71]

漂流者との接点——サンフランシスコにて

使節団のメンバー七七人のうち亡くなった者はおらず、七六人もが世界一周ののち無事帰国した。この事実はよく知られているが、帰途、香港で一人の漂流者と接触があり、帰国させていたことはほとんど知られていないように思われる。その漂流者こそ、亀蔵であった。

前章において、アメリカ海軍の軍艦によって香港に来た一七人の栄力丸の漂流者のうち、ヒコ、亀蔵、次作の三人が、一八五二年に香港からアメリカへ戻ったことを述べた。前章では、ヒコに焦点を当てたが、ここでは、次作と亀蔵に注目してみたい。

まず次作は一八五九年六月に帰国するまで、税関監視船、のちには銀行と輸送業のウエルズ・

ファーゴ社に勤めた。一八五八年サンフランシスコで永栄丸の漂流者がみた亀蔵と次作は、完全に英語を操り、二人が話す会話にも英語が出るぐらいになっていたという。また興味深いことに、永栄丸の漂流者は、当時「アメリカ全体で四人の日本人がいる」と述べていて、これはサンフランシスコの亀蔵と次作、ワシントンDCのヒコ、ニューヨークの仙太郎を指していた。このことから、春名徹は四人が連絡を取っていた可能性がうかがえると指摘する。[72]

河村政平によれば、「トラの帰国」と題した一八五九年三月の地元紙記事は「トラは永年世話になった人々との別れを特に惜しんで」いて、「語学に通じ、我々の習慣も熟知しているから、帰国後は在日本の米国人のために尽くしてくれるだろう」と述べていて、サンフランシスコの人々からの次作（トラ）への期待が非常に高かったことが分かる。[73] 次作はサンフランシスコを離れたヒコよりもずっと有名な日本人であったとの記載も頷ける。

次作が箱館に帰国した時の様子は、J・D・コリンズ牧師のカリフォルニア州北部の町で発行された『シャスタ・クーリエ』紙への寄稿文を通じて明らかになる。次作と航海中に親しくなったコリンズの手紙は、自分の首がはねられるのではないかと「震えながらひれ伏し頭を決して上げず」にいた次作への同情に満ちている。次作がひれ伏した相手に対するコリンズの憎しみすら感じさせるものである。寄稿記事は、次作の「運命がどうなったかは分からない」として、「本人の希望により日本の南に送還されたという役人の話は信憑性が高いものの、これらの役人は誠実ではない」と辛らつな批判で文章を結んでいた。[74]

次作が去ったのち、一人サンフランシスコに残留していた亀蔵も帰国を目指す。一八六〇年一〇月香港にて、既述の遣米使節団に会い同行を願い出て、帰国が許された[75]。「西洋の服を着」ていた彼の容貌は「殆どポルトガル人のごとし」との印象を使節団員に与えたという[76]。香港で亀蔵は使節団に「たまたま出会って」帰国が許されたといわれるが、しかし果たしてその通りだったのだろうか[77]。

写真4-4　栄力丸船員 亀蔵（COMMETHO）
出典：ハーヴェイ・R・マークス　1850-51年　横浜美術館蔵

亀蔵は一八六〇年七月か八月まではサンフランシスコにいた。しかも尾佐竹によれば、サンフランシスコ中が湧いた咸臨丸とポーハタン号の来航の情報を得ていた。

前に救われし所に雇われしが使節一行の桑港に来たとき旅館の門外に来りしこと両度なりとも厳禁を怖れて果さず、然るに主人の船が今回横浜へ至る由を聞き大いに悦び当港迄来たりしところ、また使節一行も来たりし故情に絶えず米人を紹介として帰国を願う[78]……

この記述によれば、亀蔵は「旅館」、すなわちインターナショナルホテルの外まで行った。

しかしペリーの黒船に乗船していた、同じ栄力丸の仙太郎が日本側から促された帰国を死刑になると固く信じて拒否したのと同じように、漂流者に対する「厳禁」を怖れ、亀蔵も使節団に会う勇気はなかった。亀蔵の「厳禁」へのこうした恐れは、次作帰国時のコリンズ牧師の手紙を新聞紙上で読んだからかもしれない。亀蔵自身はサンフランシスコでの日本人使節団と接触しなかったし、ブルークス等も、亀蔵の存在を公にしなかったとみられる。管見の限り日本側の記録にサンフランシスコにおいて元漂流者に会ったとの記録は見つかっていない。

亀蔵の具体的な勤め先については、前述の「前に救われし所に雇われし」や「主人の船が今回横浜へ至る」がヒントになる。「前に救われし所」とは、救助され、サンフランシスコで一年間生活を送った税関監視船ないし税関であろう。そして、亀蔵の主人がブルークスであった可能性がある。既述の通り、咸臨丸水夫のお墓を立てるなど活躍が随所にみられたブルークスは、太平洋航路の船を持つ貿易商だった。当時、サンフランシスコからの航路は、香港間で五五日、上海間で四四日、神奈川間で三一日程度かかった。亀蔵は税関関係者やブルークスを通じて、使節が香港に寄るタイミングを予想したうえで、帰国を試みたのではないか。つまり、香港での日本側使節への回答は偶然を装ったのだと考えられないだろうか。

いずれにせよこの時までに、亀蔵は三五歳、次作は三七歳になっていた。その後の亀蔵の動向は、現在のところ次作同様に不明で、経歴を活かし活躍した記録も見つかっていない。とはいえ、亀蔵と次作が南北戦争に従軍した可能性については、日本人が若くみえることと、徴兵数が足りない状況下で、徴兵係はしばしば適当に年齢を書いたことを割り引いても、年齢が離れ過ぎている。加えて、次作にしても亀蔵にしても、役人にひれ伏して温情を懇願し、やっと帰国をかなえたのだから、たとえ日本での暮らしがみじめなものであったとしても、再度危険を冒して密航を企てたとは思えない。亀蔵の菩提寺は因島の寺であり、日本で亡くなったとみられることからも、亀蔵が南北戦争に従軍した一人ではなかったと思われる。

咸臨丸からの脱落者と亀蔵

以上をまとめると、半次郎が帰国したとすれば遣米使節団からの不明者はいなかったが、従来から言われているように、咸臨丸乗組員からは不明者が出た。これを調べるために、咸臨丸にて渡米した人物の残した日記などにある名簿や人数を比較したが、乗組員の氏名やその数にはばらつきがあることが明確になった。図表４－２を通じて詳述したとおり、従来、咸臨丸乗組員の総数は九六人とされてきた。この数字は木村提督の「奉使米利堅紀行」の冒頭にあり、その後の資料はこの数字を継承してきているが、その根拠は明確でない。一六〇年前の国家的事業であった咸臨丸派遣についての多くの資料を参照するほど、その内容に一貫しない点が目立つのである。不明者については、当時の士分の日記などには登場しない。最近になって、提唱されてきた三人の不明者のうちの一人が発見されたとの説もある。また、咸臨丸の帆仕立役であった石川政太郎の日記には、「吉岡」という姓のみの記述があり、これが勝麟太郎の従者でないかというのが、本章での仮説である。さらに、病院に残留した人物名を当時のセンサスの結果と対照させ、これらの残留者は米国センサスに初めて登場した日本人であったことが再確認された。米国で死去した三人の死因も明確になった。

咸臨丸がサンフランシスコに滞在中、水夫が亡くなった際、使節の買物の際、ブルークスは大きな役割を果たした。これによりブルークスは一八七〇年に名誉領事に任ぜられるのだが、貿易商で太平洋航路の船の持ち主としての利益も彼の活躍の背景にあった。ブルークスは元漂流者の次作、亀蔵、ヒコをよく知っていて、亀蔵は直接ブルークスの元で働いていた可能性すらある。税関に関係する場所にいた太平洋航路の船を所有するブルークスは、使節団の帰国までのルートや情報を得ていたのではないか。サンフランシスコに残留していた元漂流者の亀蔵は、厳禁を怖れて咸臨丸とポーハタン号の合わせて総勢一七〇人以上にもなった日本人使節団と接触しなかった。またブルークス等も亀蔵の存在を公にはしなかった。しかし、世界一周を経た使節団と、おそらくは表向きには香港で「偶然にも」出会うことで、亀蔵は安全な帰国を確保することができたのである。

6　竹内使節団と池田使節団

竹内使節団の訪欧

ここから話が変わる。幕府はその最終期に六つの使節団を米国と欧州に派遣している。その二つ目にあたる遣欧使節の要点を眺めてみよう。

メンバーは正使・竹内下野守保徳、副使・松平石見守康直、目付・京極能登守高朗ら総勢三八名であった。この使節団の目的は、通商条約で約束した開市（江戸と大坂）と開港（兵庫と新潟）の延期を求めるものであった。対象となる国々は、仏、英、オランダ、プロイセン（現在のドイツの北部から ポーランドの西部）、ロシア、ポルトガルであった。

実は、この使節団が派遣されたのは、国内において攘夷熱が高まり、外国との通商を進めることに幕府が危険を感じたことが背景にある。とりあえずの時間稼ぎをしようとしたようである。彼らは幕府から開市・開港の延期の交渉に加え、「夷情探索」の役目も命じられた。つまりは西洋の情勢を見て来いということであった。

一行は一八六二年一月二二日（文久元年十二月二三日）、英艦オーディン号にて品川を出航した。

この使節団の旅は約一年にわたるもので、その間、多くの国と都市を訪問した。その主たるところを次に列挙する（経由地も含む）。長崎、香港、シンガポール、アデン、カイロ、マルセーユ、パリ（ナポレオン三世謁見）、ロンドン、ロッテルダム、ハーグ（ウィレム三世謁見）、アムステルダム、ユトレヒト、ベルリン（ヴィルヘルム一世謁見）、ペテルブルグ（アレクサンドル二世謁見）、パリ、リスボン（ルイージ一世謁見）、地中海を経てアレクサンドリアから、帰路は往路とほぼ同じであった。

使節団がパリに到着したのは一八六二年四月で、それ以後一〇月まで各国を回り、開市・開港の延期については覚書調印まで持っていったが、その代償を要求されたようである。さらにロシアとの樺太境界問題交渉は持ち越しとなった。

この使節団のメンバー構成については興味深い点があった。宮永によれば船中賄方並小使として諸藩の士六人が使節一行に加わり随行していることが注目されるという。宮永は続けて以下のように述べる。

かれらは公然と随行することができなかったから、各自密かにつてを求め、武士の栄位や誇りを捨て賤夫に身を落としてまで目的を遂げようとした。……陪臣六人がどのようにして一時藩籍を離脱できたのかについては興味を引かれるが、加賀藩士佐野鼎が遣米使節団に従僕として参加したときは、表向き〝長崎勤学〟（長崎遊学）ということであったというから、名目上これと似たような手続きを取って離藩したものであろう。[79]

もし、ダンやウィリアムズを想定するなら、その年齢は二一歳前後である。そこで尾佐竹による『幕末遣外使節物語』（この名簿には抜けが多い）と宮永による『幕末遣欧使節団』のメンバー表をチェックした結果、二五歳以下の人物は五人となった。[80]この両資料では年齢項目にはいくつか「?」印が付いているので断言はできないが、この五人は、勘定役日高圭三郎為善（二五歳）、通詞の福地源一郎（二一歳）と立広作（一七歳）。そして、組頭の柴田貞太郎家来、永持五郎次（一六歳?）。松平阿波守家来の原覚蔵（二四歳）は、絵師として渡欧した。しかし、これらはすべて帰国後の行動が明らかな人物ばかりである。一行が帰国したのは、実に出発から一年後の一八六三年一月三〇日であった。攘夷熱の異常な高まりと政治的激変に際して、「持ち帰った新知識や知見は、一顧だにされなかったばかりか、当時の幕府の内政や外交に直接・間接の影響を及ぼすことなく終わってしま」ったという。[81]福地などは、帰国後に克明な現地見聞の記録を報告するのだと張り切っていたから、使節団から離脱する動機はやはりなかった。

密航者との接点――ペテルブルグにて

この使節団の長い滞在のなかで、興味深いエピソードが残っている。それはロシアにおいて、福沢諭吉が残留を勧められたというものである。「どうせ使節は……間もなく帰る、帰ればソレ切りだ……この国には外国人は幾らも来ている、日本人が来ていたからとて何も珍しいことはない」と誘われたのであった。日本のような小国ではなく、ロシアであれば面白い愉快な仕事があり、金持ちにもなれる、というのが誘い文句の続きであったという。このような誘いは他国ではみられず、福沢はロシアを非常に奇妙な国だとの感想を抱いたのだった。[82]

ロシアで「日本人が珍しいことはない」との誘い文句の背景には、すでに当時の首都ペテルブルグに在住していた日本人の存在があった。ペテルブルグで受けた純日本風の歓待の準備をしたのは、露名がウラジーミル・ヤマートフという日本人密航者だったのである。その人物の名は橘耕斎（または増田甲斎）。宮永によれば、「日本人の接待に尽した当人は、ついぞ一行が露都滞在中、姿を見せなかった」ので、使節団と接触はないが、その存在は日本人使節団にとって公然の秘密となった。[83]

橘耕斎は、一八二〇年に遠江国掛川藩士の家に生まれた。[84] 一八五四年、エフィーミー・プチャーチン搭乗のロシア艦ディアナ号が下田沖に沈没した際、橘は戸田村に逗留した乗組員の一人、中国語通訳ヨシフ・ゴシケーヴィチと知り合い、ロシアに密出国した。橘を乗せた帰国船グレタ号は一路アヤン（オホーツク沿岸の町）に向かった。しかし、運悪くイギリス艦隊に拿捕され、ゴシケーヴィチと橘は香港を経てロンドンへ運ばれ、クリミア戦争が終わった一八五六年四月に解放され、ペテルブルグに戻った。[85]

密出国までのいきさつには、橘が人殺しをした、大事な地図を渡したので逮捕された等、後年彼を怪しい人物として描こうとする脚色が追加されているとみられる。一方ゴシケーヴィチ側からみれば、橘を密出国させることは日本語の情報提供者を得ることを意味した[86]。ただ橘側からみると、「怪しい人物」の個人としての密航という単純な話ではないかもしれない。むしろ、掛川藩による海外視察の密命を帯びていた、との説もあるという[87]。もしそれが正しければ、後に述べるような藩をあげての密出国の動きの先駆けともいえるのである。

ただ当時密航であれ、漂流であれ、海外に移動した日本人に共通した恐怖心を橘もずっと抱いていた。そうした思いを中村喜和は以下のように述べる。

耕斎がロシアにあっても、自分が鎖国の禁令を犯したことを絶えず意識していたであろうことは、想像にかたくない。したがって絵図や地理書をゴシケーヴィチに提供した事実がかりにあったとしても、そしてその発覚が密出国の主要な動機であったとしても、その事実を同国人に告げることは避けたであろう[88]。

使節団がペテルブルグに赴いた際にも、公然の秘密として誰もがその存在を知っていたにもかかわらず、橘が姿を現さなかったのも用心してのことであったのである。

一九年間のロシア生活を経た一八七四年九月、岩倉具視が橘に帰国をすすめたか許可したことにより、彼の帰国が可能になった。「耕斎自身の意志とは別に、キリスト教に対する禁令が解除された明治六年以後になって、はじめて彼の帰国が可能になった」のであった。[89]帰国時に橘は五五歳となっていた。ロシア政府からの年金三〇〇ルーブルを受け取り、六五歳で亡くなるまで、あまり人との交わりをせず、念仏三昧の日々を送ったともいわれる。[90]

加えて橘の軌跡で興味深いのは、ロシアを離れてインドやニューヨークに赴いた可能性もあることである。遣米使節団員の一人、仙台藩の玉虫左太夫による報告「米航日記」にロシア軍艦に乗っていた橘との会話の記録があるとの指摘からそうした可能性が浮上する。[91]ただし中村は、そもそも玉虫の報告書名は「航米日録」であること、玉虫が他でニューヨークを「ヌウヨウチス」という書き方はしていないこと、使節一行の他の日記にもニューヨークでロシアの軍艦をみたという記述がないことから、ニューヨークで使節団が橘に会ったとの情報の信憑性の低さを指摘している。[92]ただいずれにせよ本書の関心からは、橘に限らず、密出国後の再移動が大いにありえる点が注目される。

池田使節団の訪仏

次に、幕府の送った三つ目の使節団である池田使節団をみてみよう。国内においては朝廷をはじめ、攘夷の勢力はますます強くなり、幕府はすでに開港していた横浜を閉鎖するための交渉を行う使節（横浜鎖港談判使節団）を派遣せざるを得なくなった。池田使節団はその役割を担った。その概要を拾ってみる。

正使・池田筑後守、副使・河津伊豆守、目付・河田相模守ら三四人とフランス人通訳一人は、一八六四年二月六日（文久三年一二月二九日）に仏艦ル・モンジュール号にて横浜を出航し、上海、サイゴン、シンガポール、スエズ、マルセーユを経由して四月二一日にパリに着いた（到着日については異説あり）。行路は竹内使節団とほぼ同じである。

使節団はナポレオン三世の謁見も受けたが、鎖港談判では相手の了解は得られず、この段階で正使筑後守は他の国の訪問は打ち切り、八月一九日に横浜に帰った（この日付についても異説あり）。鎖港談判は失敗であり、幕府は思ったような時間稼ぎはできなかったのである。帰国後、正使筑後守は減禄となり副使らも制裁をうけたが、この使節団からは後に名を成した人物が多く出ている。また、この使節団は意外なところで後世に記録を残した。それはエジプトのスフィンクスの前での侍一行の写真で、鈴木明は『維新前夜』のなかで、その再発見のことを綴っている[93]。

密航者との接点——上海にて

この池田使節団が上海に滞在中に同行を訴えた薩摩藩と広島（芸州）藩出身の密航者がいた。そのうち薩摩藩出身は、当時浪士であった山下蘭渓と上野洋（景範）の二人であった。上野はのちに駐英全権公使となった人物で、長崎で蘭学、英学を勉強していた。広島藩出身者は咸臨丸の節で言及した長尾幸作、そして小林六郎であった。正使の池田筑後守は彼らの同行を許そうとしたが、日本人の渡航が許されないなかで前例を作ってはならない、との目付たちの反対により断念せざるを得なかった。佐志傳によれば、以下の通り、長尾らは米国に行く希望を持っていたという。

長尾らは軍艦購入のため国外脱出を図ったもので、米国へ行きたいとの希望も持っていたらしい。その希望も病人が出たり、資金が欠乏して容易に達成出来そうもないので……使節に頼み込み、一行中に加わって欧州へ行きたいというのが長尾ら訪問の目的であった。[94]

長尾らの目的は軍艦購入と「蕃語〔異国語〕修行」と考えられていたが、藩側が、医者である長尾に軍艦を購入するような商才を期待していたは思えないという。[95] おそらくは咸臨丸での渡米経験と語学力、そしてさらなる「蕃語修行」のほうに力点があったのであろう。既述の通り、長尾が咸臨丸の一員として渡米し、合衆国船員病院に入院した際には積極的に病院長のリンドの元を訪ねていた。アメリカの病院と人々の気質に感嘆していた長尾には、再びアメリカないし欧州に赴きたいとの気持ちが強かったのではないか。

しかし、上海において長尾ら密航者の願いはかなわず、表向きになれば国禁を犯したことになり、厳罰に処されるため送還された。その際、彼らは漂流者ということで処理されたのだった。つまり、密航者たちの夢はかなわなかった。しかし薩摩藩は上野らを処罰しなかったばかりか、この経験が後の薩摩藩からの英国留学生派遣の伏線になった。他方、広島藩では以下のように処罰が免れなかったようである。

幕府には軍艦購入云々の風説が既に伝わっているのであるから、芸藩に対し幕府から照会あるいは詰問があったであろうし、それに対して芸藩としては何等かの形で長尾らを処分しなければならず、結局長尾の禁固という対幕府的処置をとらざるを得なかったものと推察される。[96]

日本人従者との接点——パリにて

さらに、この池田使節団にはもう一人、従者としてパリに渡っていた日本人が深く関わった。それは熊谷出身の斉藤健二（次）郎という人物であった。『熊谷人物事典』には、「外人秘書。江戸末期文久元年頃の人。別名ジェラルド健。熊谷宿の医家斉藤某の二男に生まれ、フランス人モンブラン伯爵の秘書をつとめたが、のち鹿児島にて殺害された」と書かれている。[97] シャルル・モンブランはベルギー人と書かれることのほうが多い。

宮永によれば、日本を離れる際に、モンブランが「一八六二年（文久二年）横浜から帰国の途につくとき、斎藤健次郎……なる者を秘かに」伴うという形をとった。[98] モンブランは、最初の訪日ではフランス外務省から学術調査の任務を与えられていたが、一八六二年の二回目は旅行者として来日したようである。さらに宮永は、モンブランは横浜の居留地や江戸の公使館で暮らしたらしい、と述べる。当時、外交官に伴っての日本人の海外渡航は認められていた。斉藤を同行させたモンブランは、厳密には外交官ではなかったので「秘かに」フランスに連れて行ったのだと思われる[99]。事実、一八六二年の居留地の名簿（ディレクトリー）には、外交官としても民間人としても、モンブランの名前は見当たらなかった[100]。宮永によるモンブランの人間像は、ただ貴族として暮らすことには飽き足らない、目立ちたがりの政商で、幕府から薩摩藩に商売の相手を変え、様々な形で幕末の日本とフランスの間で活躍また、暗躍したというものである。

その使用人であった斉藤は、池田使節団にとってパリ滞在中、大いに役に立った。親しくした三宅復一などは、彼がどうなったのか、後から気になって問い合わせたほどで、フランス滞在中彼に恩義や友情を感じた人物は少なくなかった。しかし医者の息子であると言ったり、他の出自を述べたりして、次第に薩摩側から「信用のならない人物」とみなされるようになった。

斉藤はモンブランとはいずれかの時点で離れたようだが、一八六七年か六八年頃、鹿児島で「幕府側に薩摩人の秘密をもらした疑いで」海に投げこまれ殺されたという。二心あったのはモンブランも同じなのであるが、斉藤は海外に暮らした日本人であるがゆえに特に疑惑の目でみられ、殺害された[101]。

池田使節団に話を戻そう[102]。使節団がフランスを去ったのは一八六四年六月末であるので、問題としている二人の米陸軍兵士のうち、ダンは時期的に整合しない。池田使節団は一八六四年六月二〇日にフランスでの交渉を打ち切り、八月二三日に日本に帰国した。第2章で述べたように、ウィリアムズが入隊したのは一八六四年八月二五日で、「一〇日」〔前に来た〕、と本人が病院で述べている。それゆえタイミングとしては、フランスから一人アメリカに渡るように指示されたか、自発的に使節団を離れ、米東海岸・ニューヨークに着いたという可能性は残る。

それでは、ウィリアムズに相当する年齢の人物が使節団にいたであろうか。使節団三四人のなかで、年齢が二五歳以下は一一人であった。このうち二〇歳前後なのが、河津伊豆守家来の岩松太郎（二三歳）、河田相模守家来の別所佐次郎（二五歳）と玉木三弥（二三歳）、外国奉行支配組頭田辺太一従者の菅波恒（二〇歳）である。このうち岩松太郎は「航海日誌」を残している。[103]なかでも若い一〇代のメンバーには、三井物産を設立する益田進（孝）や一橋大学の前身である商法講習所の初代校長、矢野次郎兵衛がいて、後の活躍が明らかな人が多い。よって結論としてはこの使節団にはウィリアムズに相当する人物はいなかったと判断される。

こうしてみると、以上三つの使節団のうち咸臨丸から脱落者が出たことは、きわめて異例であったことが際立ってくるのである。

7　留学生

幕府、オランダへ留学生を派遣

幕末には幕府あるいは諸藩が派遣した留学生が急増した。石附実『近代日本の海外留学史』は幕末から明治初期での欧州、米国などへの留学生派遣についての詳細を論じており、資料として派遣学生の氏名、出発年、帰国年、派遣国、留学先、帰国後の経過などの表が添付されている。[104] これによると幕末に留学したのは合計一四八人にも達するが、その多くは慶応年間（一八六五年以降）である。

長州藩そして薩摩藩も留学生を派遣した。長崎の出島におけるオランダ人や中国人との商取引の歴史、出島の警護、海軍伝習所の存在などを背景として、長崎から近い福岡や薩摩が、幕末に留学生を送るという人の移動に積極的な動きを見せた。特に自然科学や工学技術の分野を欧米に学び、人材を養成しようとしたのである。そのはじめがオランダへの留学生の派遣であった。

言うまでもなく、オランダは徳川幕府による一六三九年以降の鎖国政策の後も、長崎において外交関係を保った唯一の西洋国家であった。しかし、幕末に至り、もはやオランダのみに限定することは不可能で、特に米国からの開国の要求は断れない状況となり、結局は米国をはじめ英国、フランス、ロシアなどと通商条約を結ぶに至った。

一八五三年のペリー提督の来航以来、幕府は「海軍」という組織を創設する必要に迫られたことは明らかであり、そのためにオランダなどから軍艦の贈呈も受けていた。さらに、米国に軍艦を発注し、合わせて留学生の派遣を意図した。ところが、まさに本書が扱う南北戦争が勃発し、米国がそれを引き受けられないと回答してきたため、幕府はオランダに依頼することとなった。まず、一八六二年に軍艦一隻（後の開陽丸）を発注し、その竣工後の日本への回送を行うことを主目的として、留学生一五人を派遣することにしたのである。

一八六二年四月一一日に留学の命を受けたのは、榎本釜次郎（武揚）、澤太郎左衛門、赤松大三郎（則良）、内田恒次郎（正雄）、田口俊平、津田真一郎（真道）、西周助（周）、伊東玄伯、林研海、加えて職方六人であった。

注目すべきは、幕府が留学生として派遣した人材は、「士分」（九人）のみでなく、現場での技術・運用を担当する「職方」（六人）を含んだことである。身分制度を土台としていた時代では異例のことであるが、当時の為政者の判断は後の歴史から見れば正しかった。

これら一五人のオランダまでの行程とそこでの生活と勉学については宮永孝『幕末オランダ留学生の研究』に詳しい。[105] まず咸臨丸にて品川を出航し、長崎からカリプソ号でバタヴィア（ジャカルタ）へ向かった。ところがカリプソ号がスマトラ島東（カリマタ海峡）で座礁し、現地人やオランダ海軍の助けによりバタヴィアに着いた。このあとテルナータ号に乗船し、喜望峰、大西洋、ドーバー海峡を経てオランダのブローウェルスハーフェン（ロッテルダムの西）に到着した。三二三日の行程であったと赤松則良は述べている。[106] 途中、セントヘレナ島で焼き捨てられたアメリカの奴隷船を目撃したことも残している。[107]

オランダでは、言語の習得とともに、法律、理数、工学技術（機械、蒸気学、砲術、造船、鍛造、鋳物、クロノメータなどの計測器、操艦、艤装など）、医学一般などの実践も行った。オランダ人支援者の助けもあり、ライデン、ハーグ、アムステルダムなどの大学や軍関係の施設、民間造船所などの協力を得たようである。加えて、赤松は榎本とともに第二次シュレースヴィヒ・ホルシュタイン戦争を観戦武官として見学した。その際に乗馬に慣れていない赤松と榎本の差が赤松本人の記録に残されている。[108]

写真4-5　榎本釜次郎（武揚）
出典：プロンク　1863年頃
日本カメラ博物館蔵

写真4-6　赤松大三郎（則良）
出典：プロンク　1863年頃
日本カメラ博物館蔵

前章でも述べた通り、上海からサンフランシスコまでの太平洋郵船による定期航路の開設は一八七一年のことで、一八六九年に大陸横断鉄道が完成するまでは、サンフランシスコからニューヨークまでの陸路の道のりは険しく時間がかかり、パナマ地峡経由の船便は費用がかさんだ。もし日本から米国へ行こうとする場合、長崎から上海まで出ればそこからの欧州行には複数の航路があった。池田使節団の節でもフランスからのアメリカ行の可能性について述べたが、欧州まで行けば、ニューヨークまでの航路は文字通り多数開かれていた。そこでオランダへの留学生のなかに南北戦争に従軍した人物がいたのではないかとの疑問が生まれた。

しかし一行のうち、主なグループの九人は、開陽丸が竣工してオランダ海軍による日本への回送時に同乗し、今度は南米周りの航路にて一八六七年四月に横浜に帰国したことが分かっている。諸文献や資料にはこれらの留学生の誰かが、さらに米国に渡ったとの記述は管見の限りみられない。選抜された栄誉とともに、彼らには留学して得た知識を日本で役に立てるという意識が強くあり、実際彼らの帰国後の活躍や逝去年も確認できるので、ダンとウィリアムズの問題とは関係は薄いと判断される。

長州藩も留学生を派遣

一八六三年に長州藩は英国に五人の留学生を派遣した。これらの学生は後に「長州藩五傑」と呼ばれている。[109] しかしこれは幕府からみれば密出国であった。五傑とは、伊藤俊輔（博文）、遠藤謹助、井上聞多（馨）、山尾庸三、野村弥吉（井上勝）である。彼らは英国総領事の紹介により一八六三年六月横浜を出航、上海まで行き、そこで二組に分かれてロンドンに到着した。彼らはユニバーシティ・カレッジ（ロンドン大学のカレッジの一つ）の聴講生となったようであるが、伊藤と井上は翌春に日本での変事を聞いてすぐに帰国した。[110]

残った三人もその後帰国し、彼らが明治維新後、政界に登場し、あるいは産業界のリーダーとなったことはよく知られている。彼らの留学時期（一八六二年から六九年の間）は、我々が問題としているダンとウィリアムズが、ニューヨークにおいて陸軍に入隊し、南北戦争に従軍した時期と重なる。ただし、五傑がその当時、米国へ渡ったとの記録はない。さらに、長州藩に続き、薩摩藩も一八六五年に英国へ一九人、翌年に六人を米国に留学生を送っている。ただし、時期的には南北戦争後であり、留学生の誰かがダンあるいはウィリアムズであった可能性はないといえる。

使節団脱落者と世界に点在する日本人

本章では、この時期に移動した日本人の多数を占める使節団を対象とし、なかでも水夫が多く含まれた咸臨丸の誰かが脱落し、米国に残留した可能性があるかを追究した。滞在中の病気、入院・退院、死亡といった人生の分岐点と、アメリカ側の細かな記録に光を当てつつ、日米双方の記録を総合的に検証し、南北戦争に従軍した二人になりえる人物がいたのかを検証してきた。

幕末の政治動向が非常に不穏ななか、使節団員は幕府から選ばれた人々で、多くは身分の高い役人であった。その一人である塚原がアメリカへ「亡命」したのは、一八六八年の鳥羽・伏見の戦いで敗軍の将となってからのことである。海外の知識を吸収しようとした選ばれし若い侍たちにとって、訪問中に使節から脱落する動機があったとは思えない。咸臨丸にて渡米し、入院先でも病院長の部屋を積極的に訪問した長尾は、のちに密航の形で渡欧を試みた。彼が海外に再度赴く機会を渇望していたことがうかがえる。しかしその前提は、日本に戻りその知識や技術を生かすことにあった。

咸臨丸から不明者となったのは、身分の高い役人ではなく、水夫と、名前が明らかになっていない従者のようである。彼らであればサンフランシスコの繁栄を見て、日本での人生を捨ててこの地に賭けてみようとの気持ちになったとしても不思議ではないだろう。病気と看病のためサンフランシスコに残留した、咸臨丸の水夫とポーハタン号の下男一人ものちに無事帰国をしたとされる。水夫のうち、看病人として残った二人は、年齢が四〇歳以上であったが、南北戦争に従軍した日本生まれの二人と年齢が近い二〇代のものは五人いる。しかし彼らは現地を歩き回ることもできず入院していた。自らの意志で残留したのであればともかく、彼らが密出国の形で再渡米し、南北戦争に従軍した可能性は低いと考えられる。

また本章では派遣された使節団と海外に点在していた少数の日本人との接触に光を当てた。サンフランシスコでの亀蔵や、ペテルブルグでの橘は、使節団がそばにいるのが分かっていても厳罰を恐れて会うことができなかった。ヒコと同じ栄力丸の元漂流者の亀蔵と次作は、長年サンフランシスコにいて英語や文化にも通じたのち、別々に帰国をかなえたが、その後の行方は分からない。帰国時の一八六〇年には亀蔵は三五歳、次作は三七歳となっていたから、もし再渡米したとしても南北戦争に従軍した二人とは年齢の差が大きすぎるように思われる。

後年、長州藩が密出国で留学をさせた事例は、南北戦争の後の時代になる鹿児島からの英国留学生とともに、輝かしく語られることが多い。橘のロシアへの密出国が、後世の悪意に満ちた「奇怪で殺人を起こすような」破天荒な一奇人の渡航、との語りとは異なり、藩による海外視察の密命を帯びていたとの説も、本章では紹介した。従来、個人の密出国として取り扱われてきた動きも、実は背後に諸藩の同様の計画があった可能性がある。そうした人の移動は従来考えられているよりも多くあったのではないだろうか。であれば橘のように密出国した知られざる侍の一人が、一八六四年にジョン・ウィリアムズとして騎兵隊に従軍した可能性は確かにある。

アメリカの内戦に従軍し命を賭して戦わなかったとしても、海外渡航厳禁の時代、単身での海外への移動には大変なリスクが伴い、孤独と恐怖がつきまとった。日本語や日本について伝える立場を活用しつつ現地で生き抜くためには、密出国を助けた商人・外交官・中国語通訳者等の後ろ盾が必要であった。本章でみてきたように、亀蔵や橘のように処刑を恐れて使節団の前に姿をみせることができなかったこと、パリで様々な形で使節団を手伝い団員と交流をした斉藤がフランスから日本に戻った際に「二心あり」と殺害されたこと、これらすべてに彼らの置かれた境遇の厳しさが浮かび上がるのである。

1　富田仁編『海を越えた日本人事典』日外アソシエーツ、二〇〇五年、七七九—七八五頁。
2　橋本進『咸臨丸、大海をゆく——サンフランシスコ航海の真相』海文堂出版、二〇一〇年、第五章から一四章、および文倉、前掲書、第五章から一三章。
3　文倉、前掲書、五七頁。
4　同、五六頁。
5　橋本、前掲書、四五頁。
6　藤井哲博『長崎海軍伝習所——十九世紀東西文化の接点』中央公論社、一九九一年、五一六頁。
7　赤松編注、前掲書、八一頁。
8　文倉、前掲書、二二九頁。
9　*Daily Alta California*, May 6, 1860, 1. 日米修好通商百年記念行事運営会編『万延元年遣米使節史料集成』第六巻、風間書房、一九六一年、七七—七八頁。
10　木村喜毅「奉使米利堅紀行」『史料集成』第四巻、四頁、および文倉、前掲書、四九二—五二〇頁。
11　咸臨丸子孫の会、幕府遣米使節随伴艦咸臨丸乗組員名簿、http://kanrin-maru.org/kanrin_material/1860_crew/crew_list_for_usa.html、二〇二二年一二月九日最終閲覧。以下「咸臨丸乗組員名簿」。
12　鈴藤勇次郎「航亜日記」、東京大学史料編纂所所蔵、https://clioimg.hi.u-tokyo.ac.jp/viewer/view/idata/400/4151.9/21/00000067?m=all&n=20、二〇二二年七月二七日最終閲覧。
13　石川政太郎「安政七年日記」『史料集成』第四巻、二四三—二九四頁。
14　斎藤留蔵「亜行新書」『史料集成』第四巻、三五九—三八三頁。
15　尾佐竹猛『幕末遣外使節物語——夷狄の国へ』岩波書店、二〇一六年。底本は『夷狄の国へ——幕末遣外使節物語』万里閣書房、一九二九年。

16 文倉については次の二つに詳しい。紀田順一郎『生涯を賭けた一冊』新潮社、一九八二年、および植松三十里『咸臨丸、サンフランシスコにて』角川書店、二〇一〇年。

17 文倉、前掲書、一一四—一一五、七三〇—七三四、七四六—七四九頁。

18 『史料集成』第六巻、三四—三七頁。

19 同、三五三—三五五頁。

20 『史料集成』第七巻、六九—七五頁。

21 宮永孝『万延元年の遣米使節団』講談社、二〇〇五年、三〇四—三〇六頁。

22 咸臨丸子孫の会「咸臨丸乗組員名簿」。

23 合田一道「咸臨丸、荒波の太平洋を往く」*LA MER* 三五（八）、二〇一〇年一一・一二月、一一—一二、一〇—一一五頁、赤松編注、前掲書、七六—七七頁。

24 伊藤博「咸臨丸余話」、http://yokohachi.com/sub638.htm、二〇二〇年一〇月二一日最終閲覧。

25 藤井『長崎海軍伝習所』および合田一道「長崎海軍伝習所名簿」（第1期～第3期）、http://kanrin-maru.org/kanrinmaru_new/document/pdf/document_1.pdf#zoom=100, 二〇二二年七月二四日最終閲覧。

26 嘉八「異国の言の葉」『史料集成』第四巻、三一一頁。

27 文倉、前掲書、七四九頁。

28 *San Francisco Herald*, May 9, 1860.

29 『四国新聞』二〇〇〇年一月一日版、https://www.shikoku-np.co.jp/feature/shimabito/1/8/、二〇二〇年一〇月一九日最終閲覧。

30 Arnold S. Lott, *A Long Line of Ships: Mare Island's Century of Naval Activity in California*, Annapolis: United States Naval Institute, 1954, 58-62.

31 宗像善樹『咸臨丸の絆——軍艦奉行木村摂津守と福沢諭吉』海文堂出版、二〇一四年、一三五—一三七

頁。なお、宗像はウェブ上にも多くの記事を掲載している。例えば、https://www.kaiundou.biz/rekishi_koborebanashi/?p=600、二〇二一年七月二七日最終閲覧。

32　咸臨丸子孫の会「咸臨丸乗組員名簿」。

33　同、七四七頁。

34　菅（七戸）美弥「日本人移住史とセンサス史のリンケージ　一八六〇年―一八七〇年」、『ＪＩＣＡ　横浜　海外移住資料館　研究紀要』一二、二〇一八年三月、および菅（七戸）『アメリカ・センサス』二九九―三〇七頁。

35　一八五九年に万次郎が編纂した英語辞典『英米対話捷径』をつぶさに検証するならば、これらの名前の綴りは一定の法則に従っていた可能性もある。『英米対話捷径』の原典が収録されているのは乾隆『ジョン万次郎の英会話』Ｊリサーチ出版、二〇一〇年。

36　U.S. Census Schedule 3, Persons who died during the year ending 1st June 1860, in 4# & 9# Districts in the Country of San Francisco, State of California.

37　木村「奉使米利堅紀行」五一一頁。

38　文倉、前掲書、二二二頁。

39　同、二一六―二一七、二二一―二二二頁。

40　長尾幸作「亜行日記鴻目魁耳」『史料集成』第四巻、二〇七―二〇八頁。

41　土居良三『咸臨丸海を渡る――曽祖父・長尾幸作の日記より――』未來社、一九九二年、二八四―二八五頁。

42　同、二八六頁。

43　同、二八五―二八七、三五九頁。

44　文倉、前掲書、二四二―二四四頁。

45　*Daily Alta California*, March 24, 1860, 1.

46　文倉、前掲書、二二五頁。
47　同、二二六頁。
48　木村「奉使米利堅紀行」五一一―五一二頁。
49　土居『咸臨丸海を渡る』三一四頁。
50　嘉八「異国の言の葉」三〇七―三五八頁。
51　万延元年遣米使節子孫の会、万延元年遣米使節団員名簿、https://1860kenbei-shisetsu.org/history/register/, 二〇二二年一一月一七日最終閲覧。
52　木村「奉使米利堅紀行」三三頁。文倉、前掲書、二四四頁、および尾佐竹、前掲書、一六六頁。
53　文倉、前掲書、五一一頁、および尾佐竹、前掲書、一六六頁。
54　嘉八「異国の言の葉」三三九―三四〇頁。
55　*Daily Alta California*, May 26, 1860, 1. 外交史料館によれば、ブルークスは「1854年にサンフランシスコで起業し、1867年10月（慶応3年9月）、徳川幕府から在サンフランシスコ領事を委嘱されました」。「外交史料Q&A幕末期」https://www.mofa.go.jp/mofaj/annai/honsho/shiryo/qa/bakumatsu_01.html, 二〇二二年一一月一七日最終閲覧。
56　*Daily Alta California*, August 18, 1860.
57　Ibid.
58　咸臨丸子孫の会「咸臨丸乗組員名簿」。
59　『史料集成』第七巻、二四―二八頁、および宮永『万延元年の遣米使節団』二九八―三〇四頁。
60　福澤諭吉（齋藤孝編訳）『現代語訳　福翁自伝』筑摩書房、二〇一一年。
61　使節団一行の米国での生活状況については前掲の尾佐竹、およびミヨシ、前掲書に詳しい。
62　「初の遣米使節団」在NY日本国領事館ホームページ。https://www.ny.us.emb-japan.go.jp/150JapanNY/jp/history.html、二〇二一年三月七日最終閲覧。

63 シリング、前掲論文、六〇―六六頁。

64 "Ball given by the city of New York to the Japanese embassy at the metropolitan hotel," *Harper's Weekly*, June 25, 1860, 408.

65 "The Japanese Ball," *Harper's Weekly*, June 30, 1860, 418. ブルックリンの新聞でも紹介がされている。*Brooklyn Evening Star*, June 18, 1860, 3.

66 海外移住資料館の展示「アメリカ亡命第一号・旧幕府外国総奉行塚原但馬守昌義」のパネルが、このことを最初に指摘したものだと思われる。

67 宮永孝『万延元年のアメリカ報告』新潮社、一九九〇年、一七二頁。

68 幕末から明治初期に、ハワイへの「元年者」をはじめとする日本人の海外移住のあっせん、貿易、新聞発行など、様々な活躍をしたヴァンリードの傍らにはヒコがいた。現時点での最も包括的なヴァンリード研究といえるのは、小澤智子「新聞報道にみる初期の移動――横浜からハワイ・サンフランシスコへ」『遥かなる「ワカマツ・コロニー」』。

69 "The Japanese Immigrants," *San Francisco Chronicle*, June 17, 1869, 2.

70 樋口雄彦「塚原昌義と武田昌次――物産学を学びアメリカへ亡命した旗本」『洋学史学会研究年報』二二、洋学史学会、二〇一五年五月、七九―九〇頁。

71 『史料集成』第七巻、二八頁。

72 春名『漂流』二〇六―二〇七頁。

73 河村政平『太平洋の先駆者』西東社、一九四三年、二九―三〇頁。

74 *Shasta Courier*, December 17, 1859, 1.

75 春名『漂流』二二六―二二七頁、宮永『万延元年のアメリカ報告』二一四頁。

76 尾佐竹、前掲書、一九五頁。

77 春名『漂流』二二七頁。

78 尾佐竹、前掲書、一九五頁。
79 宮永孝『幕末遣欧使節団』講談社、二〇二〇年（初版は二〇〇六年）、二一五―二一六頁。
80 尾佐竹、前掲書、一〇―一五頁、宮永『幕末遣欧使節団』二二一―二二六頁。
81 宮永『幕末遣欧使節団』三四七頁。
82 尾佐竹、前掲書、二三八―二四〇頁。
83 宮永『幕末遣欧使節団』二五一頁、平岡雅英『日露交渉史話――維新前後の日本とロシア』筑摩書房、一九四四年、三五四―三五六頁、内藤遂『幕末ロシア留学記』雄山閣、一九六八年、七一頁。
84 中村喜和「橘耕斎伝」『一橋論叢』六三（四）、一橋大学一橋学会、一九七〇年四月、五一六―五一七頁。
85 平岡、前掲書、三五一頁。
86 中村、前掲論文、五二二頁。
87 大南勝彦『ペテルブルグからの黒船』角川書店、一九七九年。
88 中村、前掲論文、五二四頁。大南、前掲書、二四〇―二四一頁。
89 中村、前掲論文、五三二頁。
90 同、五三九―五四〇頁。
91 平岡、前掲書、三五四頁、および内藤、前掲書、七〇―七一頁。
92 中村、前掲論文、五二八頁。
93 鈴木明『維新前夜――スフィンクスと34人のサムライ』小学館、一九八八年、一一頁。
94 佐志傳「咸臨丸搭乗者長尾幸作の生涯」『史学』三六（二／三）、三田史学会、一九六三年九月、一八三頁。
95 同、一八四頁。
96 同、一八八頁。
97 日下部朝一郎編著『熊谷人物事典』国書刊行会、一九八二年、一六五頁。

98　宮永孝「ベルギー貴族モンブラン伯と日本人」『社会志林』四七（二）、法政大学社会学部学会、二〇〇〇年一二月、一七七頁。
99　同、一八〇―一七七頁。この論文では冒頭頁が一八二頁で最終頁が一一八頁。
100　*The China Directory for 1862*, Hong Kong: A. Shortrede, 1862, 51-52.
101　宮永「ベルギー貴族モンブラン伯と日本人」一四〇―一三九頁。
102　鈴木、前掲書、一二一―一五頁。
103　「幕末の遣欧使節団2．横浜鎖港談判使節団の一行」東京大学コレクション、幕末・明治期の人物群像、https://www.lib.u-tokyo.ac.jp/html/tenjikai/tenjikai95-2/bak2.html、二〇二二年一一月三〇日最終閲覧。
104　石附実『近代日本の海外留学史』ミネルヴァ書房、一九七二年、三〇一―三〇九頁。
105　使節団員については宮永孝『幕末オランダ留学生の研究』日本経済評論社、一九九〇年、一七―一八頁、学習科目については二四―三三頁、生活などについては第二章に詳しい。
106　赤松編注、前掲書、一五六頁。
107　同、一四七頁。
108　同、一八一頁。
109　犬塚孝明『密航留学生たちの明治維新――井上馨と幕末藩士』日本放送出版協会、二〇〇一年。
110　同、一〇四頁。

終章
旅の終わりに

南北戦争に従軍した日本人がいた？

本書の冒頭に述べたように、そのことを聞いた時まず浮かんだのは、単純なクエスチョンマークであった。南北戦争に従軍した日本人がいたとはにわかに信じられなかったからである。しかし、明らかに出身地が「日本」と書かれた兵役記録をみて、考えが変わった。クエスチョンマークは、具体的な問いに変わっていった。本名は何で、出身地はどこだったのか。もし本当に日本人ならば、なぜ、命をかけてアメリカの内戦に従軍したのだろうか。その動機は何だったのか。南北戦争が起きたのは、日本の戊辰戦争の直前であり、当時日本人の渡航は極めて限定されていた。そのような状況下で、どうやってアメリカまで移動したのだろう。彼らは、日本から密航したのだろうか。それとも？

本書では、このような具体的な問いから出発し、南北戦争に従軍した日本生まれの二名のプロフィールを探りつつ、彼らを当時の環太平洋の人の移動のなかに位置付けようと試みた。これまで光が当たってこなかった中国人をはじめとする南北戦争におけるアジア・太平洋系移民兵士について、日本生まれの二人の経験を照らす鍵として考察した。

そこから明らかになったのは、アジア・太平洋系移民は単にカリフォルニア州以外では数的にマイノリティであっただけではなく、いざ戦争となった際に本国の後ろ盾や移民同士の援助組織がない立場の弱い新参者であったことである。カリフォルニア州に集住した中国人移民の入隊が非常に限られていたのは、そもそも西部諸州への兵士充当への要求が少なかったことが背景にあった。一方、移民数が少なかったニューヨークやニューオーリーンズといった場所からも中国人の入隊者がみられた。職業欄の「なし」との記載は、彼らが経済的な苦境に置かれていた、または騙された可能性を示唆している。ただしそれは中国人移民に限ったことではなく、家族の生活が入隊する父親や息子にかかっていたアイルランド等出身の移民兵士と共通する戦争の過酷な現実であった。そしていかなる理由であれ、実際の入隊の現場では、名前の省略や欧米風の表記が中国人、日本人に対して共通してみられた。このことは、本来の姓名が勝手に変更されてしまう、マイノリティとしての立場を際立たせるものといえる。

日本生まれの二人のうち、少なくとも一人が日本人であるということは、新聞の死亡記事から、また、入隊時だけではなく病院入院時の記録から確かなことだといえる。そして彼らのアメリカまでの移動の形が単発で、偶発的であったことも確かだと思われる。本書では彼らの人物像をめぐる複数の可能性のうち、海難により意志に反して渡米することとなった漂流者、自分の意志で海外に密航した密航者、使節団員に選ばれた侍や水夫など、様々な形で海外にいた／いざるを得なかった人々に絞って検証を行った。

膨大な史料の探求に際しては、二人の名前が欧米風であったことが最も大きな壁となった。もう一つの大きな壁は、南北戦争に従軍した二人が（おそらくは）単身でブルックリンに来ていたことによる。二人が入隊したこの地に小さな日本人のコミュニティができたのは、二〇世紀転換期であった。南北戦争時には、二人が頼るべき同胞や戻るべきコミュニティは存在しなかった。

それゆえに、生まれ年が前後する人すべて、亡くなった年が前後する人すべて、移民年が前後する人すべて、そして少なくとも亡くなった日が分かるアレクサンドリアで同時期に亡くなった人等々すべてに向けて、検索の矢を放った。その対象は、従軍史料に加えて二人が記録された可能性のあるアメリカ・センサスの調査票、死亡記録、帰化申請記録、新聞記事等である。

このように数多くの史料を検証してきたが、日本生まれの二人の本名、出身地などのプロフィールは、結局のところは解明には至らなかった。よって、なぜ日本人が他国の内戦に従軍することになったのか、彼らの動機も不明なままである。

ただし、推論はある。本書の各所で述べた南北戦争に従軍した日本出身の二人は誰か、との問いに対しては、漂流者ならびに脱国（ないし公的なミッションから脱落）した人物の可能性が高いと考えている。また漂流者と密航者を比べるならば、漂流者の方に、南北戦争に従軍した二人が含まれる可能性がより高いように思われる。なぜならば、密航には密航者、密航を手助けした者双方の目的があったからである。本書でみたショイヤーのような商人の助けでアメリカへ密航した場合、戦争のさなか男性の働き手が貴重な状況下で、有用な若者、出島をみすみす手放すことなどありえなかった。一方、日本人密航者にとっての目的は、アメリカで英語を習得し見聞を広げることであった。日本人がアメリカで働きながら勉強する目標遂行のさなかに、命を落とす危険と隣り合わせの他国の戦争に従軍することなど考えもしなかったであろう。ニューヨークにおいて元密航者の日本人が入隊するとしたら、何らかの理由によって一人貧困状況に陥り必要に迫られたか、騙されたかとしか考えられないのである。

一方漂流者が残留し、後に南北戦争に従軍した可能性は十分にあると思われる。かつて鶴見俊輔は、漂流者について以下のように述べた。

全くの偶然で外国を見てしまう。俗説も偏見も持たずに見てしまう。これはインターナショナルなんです。しかし漂流者が生き抜いていく中で、見たり感じたりしたインターナショナルは、日本の大学で教えているようなそれとは、ちょっと一味違うものなんだ。[1]

ジョセフ・ヒコや亀蔵は漂流という過酷な偶然によって外国を見た、インターナショナルな人であった。ジョン万次郎も同様に真にインターナショナルな人であった。なかでもヒコは南北戦争のさなか、首都ワシントン周辺でスワード国務長官やリンカン大統領等、まさに国の指導者に会っていた。自身が従軍していなくても、彼ならば日本人従軍者の存在を知っていたのではないかと思われたが、今のところそのことに言及した史料は見つかっていない。

さらに遣米あるいは遣欧使節団など公式の移動に関連した人物の可能性も残る。例えば、咸臨丸から不明者となったのは、身分の高い役人ではなく、水夫と、名前が明らかになっていない従者であった。彼らがサンフランシスコの繁栄を見て、日本での人生を捨てこの地に賭けてみようとの気持ちになったとしても不思議ではない。加えて、咸臨丸の水夫と遣米使節団の下男一人の計一〇人は病気と看病のため残留したが、そのなかには南北戦争に従軍した日本生まれの二人と年齢が近い二〇代のものが五人もいた。しかし全期間ではないものの、若い水夫たちは合衆国船員病院に入院していて自由に歩き回ることはできなかった。しかも彼らは無事に帰国したとの複数の記事がある。自らの意志でサンフランシスコに残留したのであればともかく、彼らが密出国の形で再渡米し、南北戦争に従軍した可能性は低いと考えられる。

このように本書は、サイモン・ダンとジョン・ウィリアムズが置かれたアジア・太平洋系移民のマイノリティとしてのマージナルな立場を描いてきた。当時の人種分類の境界線において彼らがどのように位置付けられたのかについても照射した。彼らの圧倒的多数は白人と同じ部隊に従軍したので、「有色人種」部隊よりも給料や待遇はましであった。しかし未曾有の内戦にあって、徴兵の強制と騙しは「有色人種」部隊の黒人と変わらないものがあった。しかも日本生まれの二人は、それぞれ単独で従軍した。その際の孤独はいかばかりであっただろうか。たった一人の日本人として、言語のハンディキャップ、同国人の絆の不在、事情が分からない不安は想像を絶するものがある。そのような苦境や孤独は南北戦争の社会史の一断面である。

と同時に、二人の日本人移民兵士の存在は、南北戦争というアメリカ史と環太平洋の移民・移住史が一八六〇年代に接合をみせた瞬間を明らかにする。日本人漂流者、密航者、使節団、アメリカ人牧師、軍人、船長たちは、同じ場所で同じ景色を見た時があった。そのような時の延長線上に、南北戦争に従軍した日本出身の人々がいたのである。それは、階層や属性や職業や任務に応じてそれぞれ別に検証していいてはみえない、移動と移住の物語である。

最後に、二人のその後について考えてみたい。ワシントンDCで入院したジョン・ウィリアムズは、騎兵隊の除隊にあわせて近隣のアレクサンドリアに向かい、その後まもなく亡くなったのではないだろうか。一八六七年一二月三〇日付の現地新聞は、戦争中にアレクサンドリアに来た日本人が亡くなったと書いた。これがウィリアムズであったとしたら、ワシントンDCの病院に入院した際の病気が悪化したのではないか。ウィリアムズだとしても、またダンだったとしても、南北戦争で亡くなった多くの兵士同様、二〇代前半での若すぎる死である。しかし、「『ジャップ』として親しまれていた」、「先の土曜日夜に亡くなり、昨日埋葬された」という記事内容は、少なくとも孤独のなかの死ではなかった、との希望的想像を可能にさせる。

一方のサイモン・ダンはニューヨークに戻ったのではないだろうか。一九〇〇年のセンサスには、一八六〇年に移民した日本人の記録がニューヨークで残されていた。センサスに書かれた名前の音を日本人名におこすならば「タカヒラ・キクタロウ」であろうか。彼は、一八四三年二月生まれで、兵役記録の二人に生年が近い。センサスにある記載の通り一八六〇年に移民したのだとしたら、密航者、漂流者、咸臨丸からの脱落者のいずれの可能性もある。彼は帰化市民となっていたようであるが、これも南北戦争に従軍したからこそではなかったか。一八六〇年に移民した「タカヒラ・キクタロウ」がサイモン・ダンであったのだとすると、また別の想像が頭をよぎる。彼は、ニューヨークに戻り、新たにやってきた日本人移民と生活をともにしながら、「俺は南北戦争に従軍したのだぞ」などと言って幅を利かせていたのかもしれない、と。これが二人に近づくべく種々史料を検証した現時点での考えである。

南北戦争に従軍した二人の正体を探りながらたどり着いたのは、日本史とアメリカ史が人々の移動を通じて思いもよらない形でつながっていたという史実である。テリー・シマ氏から託された南北戦争に従軍した日本人の名前と出身地を探る旅は、我々が考える複数の可能性を示し、いったん幕を閉じる。

1　鶴見俊輔・山下恒夫「石井研堂と江戸漂流記《対談》」（山下恒夫再編）『石井研堂これくしょん　江戸漂流記総集』第一巻、二八頁。

あとがき

菅（七戸）美弥

テリー・シマ氏とジェフ・モリタ氏からの問い合わせから旅が始まったと、序章のなかで書いたが、その問い合わせを最初に受けたのは計測制御工学、システム工学専門の北村であった。ちょうどコロナ禍が始まった頃のことである。アメリカ史、環太平洋の移民・移住史の菅（七戸）の所属大学事務室からの「関西弁の先生から電話がありました」との取次ぎがきっかけとなり、世に知られていない南北戦争を戦った日本人についての、文理融合の研究プロジェクトが生まれることとなったのである。執筆を担当した章は、北村が第4章、菅（七戸）が序章、第1章、第2章、第3章、終章である。

一〇年以上前に訪れた、南北戦争の激戦地ゲティスバーグでは、博物館の展示をつぶさにみて、当時の様子を再現し兵士に扮した何人もの人々に話を聞いた。ただそれよりも今日まで記憶に濃厚に残っているのは、三日間で五万人近くが死傷した激戦地の圧倒的な印象である。風が吹いてくるなかでしばし佇んだその時には、この地での戦死者に中国人兵士が含まれていたこと、そして他の戦地に日本人がいたことを知らなかった。本書においては、この記憶を思い出しながら戦争の過酷な現実や、ジョン・ウィリアムズが戦争で儲ける黒いビジネスの餌食となった可能性を追究した。そのような作業のなか、歴史が今日も形を変えて繰り返されていることを痛感せずにはいられなかった。

最後に、資料収集におけるご協力やアドバイスを頂いた方々に、この場を借りて謝辞を述べたい。北村からは、塩飽列島佐柳島にある乗蓮寺住職の松原知弘氏、神戸大学大学院国際文化学研究科の村尾元氏、津田塾大学ライティングセンターの飯野朋美氏、友人の峰岸良彰氏と杉本俊二氏、菅（七戸）からは加藤（磯野）順子氏へお礼申し上げる。筑摩書房の河内卓氏、大山悦子氏には入稿までのプロセス、そして校正の際、大変有益な助言を頂いた。真摯なお人柄のプロフェッショナルがこの旅に併走くださったのもありがたい幸運であった。そして、本書のきっかけを作ってくださった、テリー・シマ氏、ジェフ・モリタ氏にも心よりお礼申し上げる。

菅（七戸）美弥（すが・しちのへ・みや）

一九六九年生。二〇〇一年国際基督教大学大学院博士課程修了（博士・学術）。現在、東京学芸大学教授。専門はアメリカ史、移民・移住史。著書に『アメリカ・センサスと「人種」をめぐる境界——個票にみるマイノリティへの調査実態の歴史』（勁草書房、二〇二一年アメリカ学会中原伸之賞受賞）などがある。

北村新三（きたむら・しんぞう）

一九四〇年生。神戸大学大学院工学研究科修了、大阪大学工学部（助手）、神戸大学工学部（助教授、教授、工学部長）、副学長・理事を経て、現在、名誉教授。システム工学専攻。工学博士。著書に『暗号に敗れた日本——太平洋戦争の明暗を分けた米軍の暗号解読』（共著、PHP研究所）などがある。

筑摩選書 0264

南北戦争《なんぼくせんそう》を戦《たたか》った日本人《にほんじん》
幕末《ばくまつ》の環太平洋《かんたいへいよう》移《い》民史《みんし》

二〇二三年九月一五日　初版第一刷発行

著者　菅《すが》（七戸《しちのへ》）美弥《みや》
　　　北村新三《きたむらしんぞう》

発行者　喜入冬子

発行所　株式会社筑摩書房
東京都台東区蔵前二-五-三　郵便番号　一一一-八七五五
電話番号　〇三-五六八七-二六〇一（代表）

装幀者　神田昇和

印刷　製本　中央精版印刷株式会社

ISBN978-4-480-01781-9 C0321

筑摩選書
0099
明治の「性典」を作った男
謎の医学者・千葉繁を追う
赤川 学
『解体新書』の生殖器版とも言い得る『造化機論』四部作。明治期の一大ベストセラーとなったこの訳書を手掛けた謎の医学者・千葉繁の生涯とその時代を描く。

筑摩選書
0144
アガサ・クリスティーの大英帝国
名作ミステリと「観光」の時代
東 秀紀
「ミステリの女王」アガサ・クリスティーはまた「観光の女王」でもあった。その生涯を「ミステリ」と「観光」を軸に追いながら大英帝国の二十世紀を描き出す。

筑摩選書
0149
文明としての徳川日本
一六〇三―一八五三年
芳賀 徹
「徳川の平和」はどのような文化的達成を成し遂げたのか。琳派から本草学、蕪村、芭蕉を経て白石や玄白、源内、崋山まで、比較文化史の第一人者が縦横に物語る。

筑摩選書
0221
教養としての写真全史
鳥原 学
メディアとともに写真の役割は変化し続けている。記録として出発した写真が次第に報道・広告へと役割を広げ、芸術の一ジャンルへと進化した道筋をたどる。

筑摩選書
0224
横浜中華街
世界に誇るチャイナタウンの地理・歴史
山下清海
日本有数の観光地、横浜中華街。この街はどのようにしてでき、なぜ魅力的なのか。世界中のチャイナタウンに足を運び研究してきた地理学者が解説。図版多数収録。

筑摩選書
0232
日清・日露戦史の真実
『坂の上の雲』と日本人の歴史観
渡辺延志
『日清戦史』草稿の不都合な事実はなぜ隠蔽されたか。『日露戦史』でもなされた戦史改竄が遺した禍根を考察し、『坂の上の雲』で形成された日本人の歴史観を問い直す。